SHUKUTOKU

My Future is Now

動き出せ、
私の未来。

心の教育

大乗仏教精神で
高い品性を養う
女子教育

国際教育

アメリカ修学旅行、
3カ月海外研修など
多彩な国際交流
プログラム

現役合格

国公立大、
難関私大文系・理系など
希望進路に合わせた
クラス編成

学校説明会（予約制）

6/15（土） [時間] 10:00～12:00

7/14（日） [時間] 10:00～12:00

入試説明会（予約制）

8/25（日） [時間] 10:00～12:00

9/ 8（日） [時間] 10:00～12:00

個別説明会（時間予約制）

9/21（土） [時間] 9:30～13:00

10/19（土） [時間] 9:30～13:00

11/16（土） [時間] 9:30～13:00

11/30（土） [時間] 9:30～13:00

2025年度 入学試験

第1回 1/23（木）　第2回 2/4（火）

※上履き（スリッパ等）をご持参ください。
※インターネットの専用サイトから
お申し込みください。

上記日程は予告なく変更する場合があります。
必ずホームページでご確認ください。

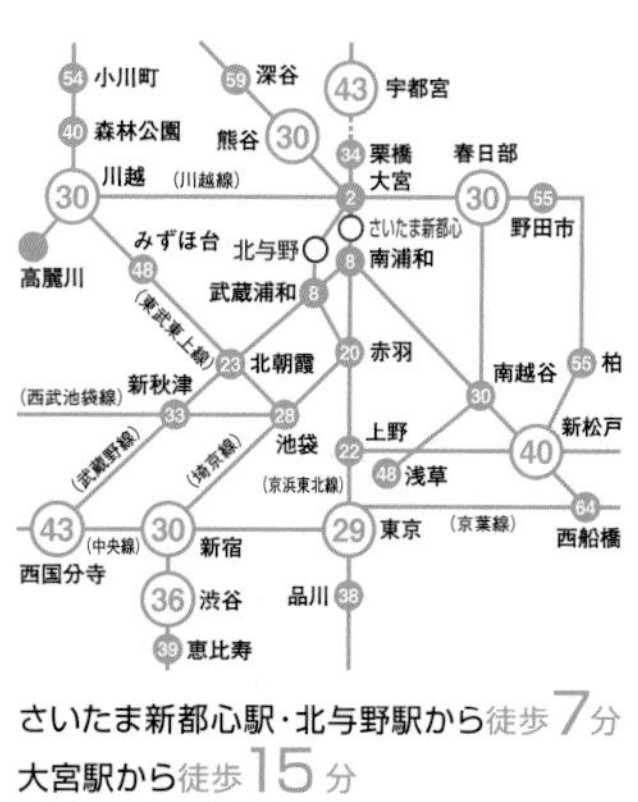

さいたま新都心駅・北与野駅から徒歩7分
大宮駅から徒歩15分

淑徳与野高等学校

〒338-0001 埼玉県さいたま市中央区上落合 5-19-18
TEL.048-840-1035　FAX.048-853-6008
www.shukutoku.yono.saitama.jp/

説明会の詳細と
ご予約はこちら

学校の詳しい情報は
こちら

動画で見る
淑徳与野はこちら

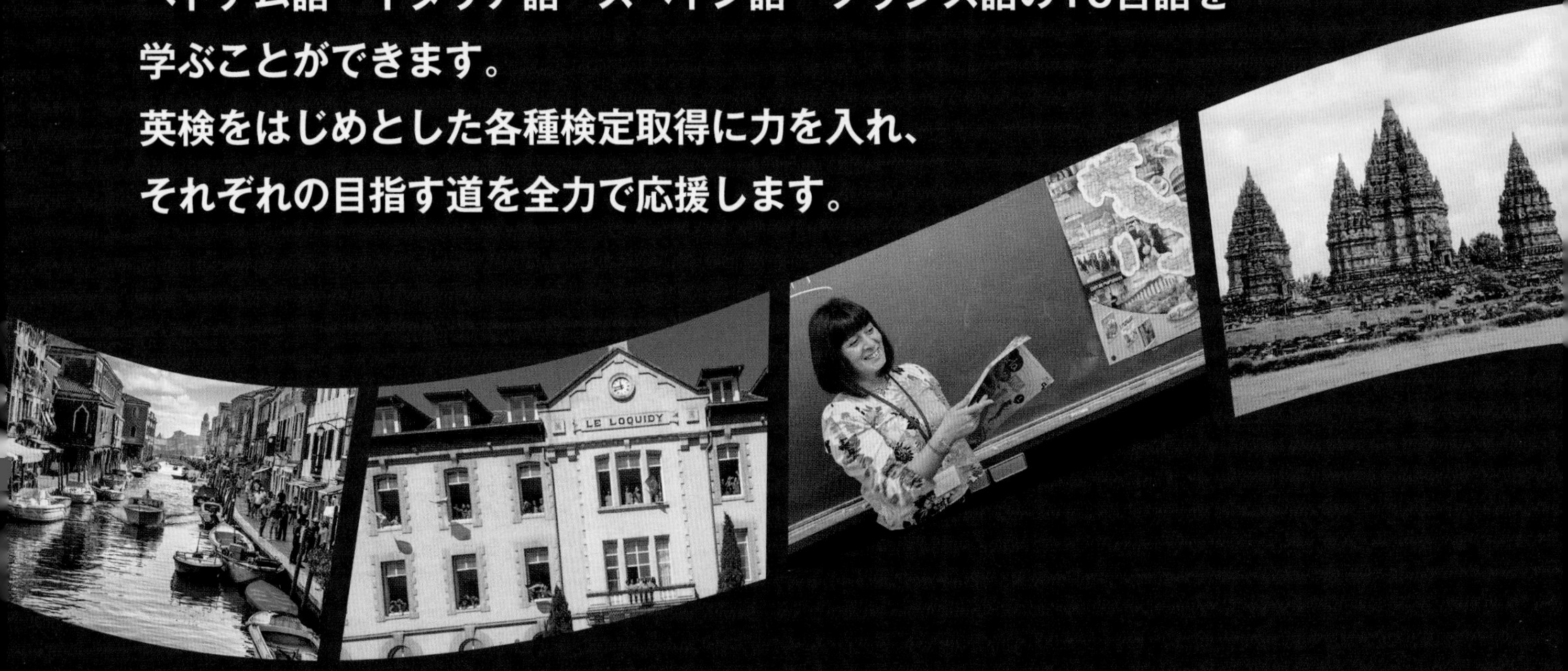
LE LOQUIDY

CONTENTS

Success 15　6

https://success.waseda-ac.net/

サクセス15
June 2024

11 海底に眠る歴史的痕跡
人類の営みに迫る水中考古学

30 悩み解決！　高校を選ぶ①
大学進学を視野に入れて

04 Special School Selection
東京都立国立高等学校
表紙：同校「正門と校舎」

18 私立高校WATCHING
桐蔭学園高等学校

22 ワクワクドキドキ　熱中部活動
共栄学園高等学校
競技かるた部

Regulars

28 突撃スクールレポート
　淑徳巣鴨高等学校
36 受験生のための明日へのトビラ
38 2024年度首都圏公立高校入試結果
44 スクペディア
　光英VERITAS高等学校
　横浜翠陵高等学校
48 知って得するお役立ちアドバイス！
50 レッツトライ！　入試問題
52 帰国生が活躍する学校
　早稲田佐賀高等学校
54 中学生の未来のために！
大学入試ここがポイント
56 東大入試突破への現代文の習慣
60 新大学1年生に聞く！
高校時代の思い出、そして大学受験
62 みんな、読まないと！
東大生まなのあれこれ
64 キャンパスデイズ十人十色
70 Success Book Review
71 耳よりツブより情報とどきたて
72 マナビー先生の最先端科学ナビ
79 for中学生
らくらくプログラミング
80 なぜなに科学実験室
84 中学生のための経済学
86 中学生の味方になる子育て
楽しむ 伸びる 育つ
87 PICK UP NEWS
88 思わずだれかに話したくなる
名字の豆知識
90 13歳からはじめる読解レッスン
94 ミステリーハンターQの
タイムスリップ歴史塾
95 サクセス印のなるほどコラム
96 中学生でもわかる
高校数学のススメ
100 解いてすっきり
パズルでひといき

Special School Selection

東京都　国立市　共学校

東京都立国《くに》立《たち》高等学校

3Cを身につけ視野を広げる社会で活躍するための学び

生徒の思考力を育てる授業をはじめ、今年度新たに始まった学外と連携した探究学習など、将来につながる力を身につけられる東京都立国立高等学校。行事や部活動にも熱心な生徒たちが集まり、日々切磋琢磨しています。

生徒の個性を伸ばし時代に合わせた教育を

アカデミックで落ち着いた雰囲気の漂う国立市に校舎をかまえる東京都立国立高等学校（以下、国立高）。進学指導重点校の1つに名を連ね、高い進学実績を誇り、生徒の主体的な学びを推進する教育を行っていますが、同校の魅力はそれだけではありません。

スクール・ミッションに掲げている「Critical Thinking（物事の本質を問い続け、粘り強く考える思考法）」「Creative Thinking（自らもつ知識同士や他者とのつながりによる新たな発想）」「Collaboration（互いに補完し、発展させるための協働）」という「3つのC」を意識した教育が展開されています。

宮田明子校長先生は「本校にはどの教科にも十分に力を発揮できる生徒が集まっています。それに加えて、ある分野に突出した能力を持つ生徒も多くいますから、その個性を伸ばすためのきっかけを与えてあげること、そしてこれからの時代に求められる力を身につけさせる教育を行うこと、それが私たち教員の使命であると感じています」と話されます。

その言葉通り、今年度から組織的な体制のもと、本格的な探究学習が始まっており、来春にはアメリカへの海外研修旅行の実施も予定されるなど、さらなる教育の充

宮田《みやた》 明子《あきこ》 校長先生

School data

所在地：東京都国立市東4-25-1
アクセス：JR南武線「谷保駅」徒歩10分、JR中央線「国立駅」徒歩15分
生徒数：男子506名、女子441名
ＴＥＬ：042-575-0126
ＵＲＬ：https://www.metro.ed.jp/kunitachi-h/

- 3学期制
- 週５日制（土曜授業年20回）
- 月～金６時限、土４時限
- 50分授業
- １学年８クラス
- １クラス約40名

実が図られています。

さらに国立高は、今年度より、東京都の「東京サイエンスハイスクール」に指定され、昨年度まで指定されていた「理数研究校」としての取り組みから1段ステップアップしたサイエンスにかかわる取り組みを実施していくことになりました。また、文部科学省の「高等学校DX※加速化推進事業（DXハイスクール）」の指定校にも採択され、今後は、情報・数学などの教育を重視するカリキュラムの実施や、ICTを活用した文理横断的・探究的な学びを強化していくそうです。こうした指定事業とも相互に関連させながら、探究的な学びを進め、総体的に国立高の学びの質を高めていきたいとしています。

思考力を高める授業 新たな探究学習も始動

国立高では、いわゆる難関と呼ばれる国公立大学への進学志望を抱いて入学してくる生徒がほとんどで、その志望をかなえるために必要な6教科7（8）科目の学力を確実に育成するカリキュラムが組まれています。

授業をみてみると、社会科ではテーマに基づいた仮説を立て、各々が自分なりの答えを探し出す探究的な学びを取り入れており、理科でも仮説を確かめる実験を行うなど、生徒の思考力を伸ばす取り組みを積極的に行っています。

また、1人1台の端末の活用も進められています。数学では、教員による問題の配信、生徒による問題への解答を端末上で実施し、教員は生徒全員が問題を解いている様子を端末上で確認しながら、個別具体的で丁寧な指導を端末を通して行う授業もあります。

今年度からは前項で述べたように、これまで実施してきた探究学習をより組織的に行っています。週に1時間設定され、連携した複数の大学や機関の大学院生や大学教授等にアドバイスをもらいながら、探究を深めていくという流れです。

※DX＝デジタルトランスフォーメーション

文化祭・垂れ幕

「探究の経験は、それだけで生徒の成長を促しますが、加えて、将来の道を見つけるきっかけになります。さらにそれが社会課題の解決につながれば、生徒にとって非常に有意義な経験となるはずです。自分の興味を突き詰めていった先には、大学での学びだけでなく、自分の未来に向けた様々な可能性があるのだと知ってもらうことが大切です」（宮田校長先生）

海外研修旅行を新設 視野を広げる機会に

宮田校長先生は日ごろ生徒と触れあうなかで感じたことから、「生徒にはどんどん学校の外に飛び出していってほしいですね。彼らはそれぞれにすばらしい個性を持っています。それを学外でも積極的に発揮してほしいのです。本校の生徒は、高校生として国内外を問わず活躍できる力を秘めています」と話されます。

　こうした思いもあり、来春新たにアメリカ・ボストンへの海外研修旅行を実施することになりました。宮田校長先生自らボストンに実地踏査に行き、現在、研修内容を組み立てているといいます。

　期間は春休みの約1週間です。対象は高1、高2で、40人の参加者を募集します。英語でのプレゼンテーションの練習など、事前研修も実施される予定です。

　また現地では大学のキャンパス見学や模擬講義の受講も計画。海外の大学を訪れ学生たちと交流することで、自分の知らない世界があることに気づくきっかけになってほしいという思いが込められています。

　宮田校長先生は「自分の生き方に改めて向きあえるようなプログラムになればと内容を検討しています。海外に出ることは、自らを客観的に見つめ直し、日本人としてのアイデンティティーを再確認することにもつながります。そして英語力を試す場にもなるでしょう。うまくコミュニケーションが取れず悔しい思いを抱くこともあるかもしれませんが、その経験によって、自身に足りなかったこと、これからやるべきことに意識が向くはずです。英語だけでなく、生徒の学びへの意欲がさらに高まることも期待しています」と海外研修旅行新設への思いを語ります。

　昨年度はニュージーランドの高

授業

授業は、クラスメイトと意見を交換するグループワークなども交えながら進められていきます。

国際交流

東京都の事業によるパリへの派遣や、国立高を訪れたニュージーランドの高校生との交流などを通じて、世界に目を向けます。

国高祭

生徒の志望動機としても多くあげられる国高祭。それぞれの実行委員会が組織され、生徒が様々なことを協議しつつ進めていきます。

文化祭・校門装飾

文化祭・看板

文化祭・クラス演劇

文化祭・装飾

文化祭・外装

体育祭

実行委員会の協議

校生が同校を訪問し、いっしょに部活動を行うといった国際交流も実施されたそうで、今後の国際教育の発展に期待が寄せられます。

「ニュージーランドの生徒さんと引率の先生が、同国先住民の伝統的な踊り『ハカ』を見せてくださいました。後日生徒に、自分が逆の立場になって海外に行ったとき、こういう場でパッと披露できる日本独特のものはなにか、そしてそれが自分にできるかを考えてみてほしいと伝えました。海外の文化に触れることは、自国の文化に改めて向きあうことにもなりますので、今後こうした交流も増やしていきたいと思います」(宮田校長先生)

熱意を持って臨む国高祭のクラス演劇

冒頭でご紹介したスクール・ミッションである3Cは、ここまでみてきた授業を通じて育まれると同時に、行事を通して育成される部分も大きいです。

とくに文化祭、体育祭、後夜祭

その他の行事

国高祭以外にも様々な行事があります。第九演奏会は、希望者参加の行事ですが、約400名もの生徒が参加します。

第九演奏会

新入生歓迎会

の3つからなる「国高祭」には、どの生徒も熱い思いを持って取り組んでいます。高3の各クラスが文化祭で行うクラス演劇は有名で、それに憧れを持って入学してくる生徒はとても多いといいます。

高2の文化祭が終わると、すぐに翌年のクラス演劇に向けた準備が始まり、採用する劇の選定や演目に合わせた外装と呼ばれる教室外側の装飾のデザイン決めなど、様々な準備が進められていきます。外装にも各クラスの個性が表れ、来校者の目を引くものばかりです。

文化祭は、生徒たちが自らの熱意をぶつける機会であるとともに、来校者という他者を楽しませるため、仲間と協力して1つのものを作り上げる機会でもあります。生徒が主体的に仲間と試行錯誤する、まさに3Cが育まれる場といえるでしょう。

また行事に加え、部活動も盛んなのが国立高の特徴です。運動部、文化部合わせて約40の部があり、兼部している生徒も珍しくありません。それぞれが工夫しながら文武両道に励んでいます。

生徒の心に響く卒業生のサポート

勉強、行事、部活動のいずれにも全力投球し、将来に向けた志も高い生徒たち。そのため、進路指導においては、教員はもちろんのこと、卒業生も協力を惜しみません。日ごろの学習相談に加え、進路講演会やキャリアガイダンスで、高校時代の進路選びからキャリアの積み方、いまの仕事についてなど、様々な話をしてくれるといいます。異なる分野で活躍する卒業生が、一度に15人ほど集まることもあるそうで、長い伝統を誇り、第一線で活躍する人材を輩出し続けている国立高だからこその進路指導を展開しています。

「色々な形での卒業生みなさまからのサポートは、大変ありがたく感じています。同じ学校で過ごした卒業生の言葉は、生徒の心に響くものです。夏休みに1泊2日で

進路指導

京大見学ツアーでは、同大の附属機関であるエネルギー理工学研究所の見学や、卒業生との懇談会が行われます。

入学式後の勧誘の様子

吹奏楽部

少林寺拳法部

弦楽合奏部

部活動

部活動が盛んな国立高。吹奏楽部、民俗音楽研究部、音楽部、弦楽合奏部と、音楽系の部だけでも4つあります。

行う京大見学ツアーにも、卒業生の方が協力してくださっていますが、じつは、来春実施予定の海外研修旅行にも、日本だけでなくアメリカで活躍する卒業生が全面協力してくださっています。また今年4月には、こうした卒業生とのご縁から、ハーバード大学教授による国立高での講演会が実現しました。この講演会には全学年から144人の申し込みがあり、大好評でした。こうして多くの卒業生が在校生を強力に支援してくださることも、本校の大きな力です」(宮田校長先生)

伝統を守りつつ 新たなステージへ

このように魅力ある国立高での3年間をどのように過ごしてほしいか、宮田校長先生に尋ねると「新しいことにチャレンジする気持ちを持ってほしいですね。そのためにも、生徒のニーズに応えられる多彩な教育活動を用意することが重要だと考えています。本校は国高祭をはじめ、4月に行う新入生歓迎会やプロのオーケストラと共演する第九演奏会といった特色ある行事にも力を入れています。部活動も活発ですから、忙しい毎日になりますが、充実した高校生活が送れることは確実です。

やりたいことを自分で選び、どうすればうまく両立できるかを考える、そんな力を養う3年間です」と答えが返ってきました。

続けて在校生、そしてこれから入学してくる生徒さんへの思いをうかがうと次のように話してくださいました。

「日本人としてのアイデンティティーを持ちながら世界を舞台に活躍できる、世界に日本のよさを伝えつつ世界をリードできるような人材に成長することを望みます。そして身につけた能力を自分のためだけに使うのではなく、日本の社会を、そして世界の未来をよりよいものにするために活かしてほしいと願います。

学校として、そのためのサポートは惜しまずに行うつもりです。従来の国立高のよさは引継ぎ、さらにパワーアップできるよう、教育活動を充実させていきますので、ご期待ください」

これからさらに進化していく国立高。今後も3Cを携えて社会で活躍できる人材が輩出されていくことでしょう。

■2024年３月　大学合格実績抜粋　（ ）内は既卒

国公立大学		私立大学	
大学名	合格者数	大学名	合格者数
北海道大	9（1）	早稲田大	93（42）
東北大	11（4）	慶應義塾大	63（22）
筑波大	4（1）	上智大	60（20）
東京大	17（6）	東京理科大	79（48）
東京医科歯科大	3（1）	青山学院大	46（9）
東京外国語大	12（1）	中央大	79（19）
東京工業大	9（6）	法政大	43（21）
一橋大	19（4）	明治大	144（59）
京都大	7（4）	立教大	30（17）

写真提供：東京都立国立高等学校　※写真は過年度のものを含みます。

海底に眠る歴史的痕跡

人類の営みに迫る水中考古学

だれもが知る歴史上の出来事「蒙古襲来（元寇）」。近年、その船の一部が海底から引き揚げられたことを知っていますか。発見したのは、水中考古学を専門とする國學院大學研究開発推進機構の池田榮史教授です。どうやって発見にいたったのか、水中考古学とはどのような学問なのか、池田教授にお話を聞きながら、みなさんを水中の世界へとご招待します。

㊤水中ドレッジの吸い口と鷹島１号沈没船／㊦大型いかり石保存処理

画像提供：池田榮史教授

水中考古学とは?

暗い海の底には、どんな世界が広がっているのでしょうか。魚などの生物が棲息しているだけではなく、そこには人類の歴史的痕跡も眠っているのです。それを明らかにする水中考古学についてみていきます。

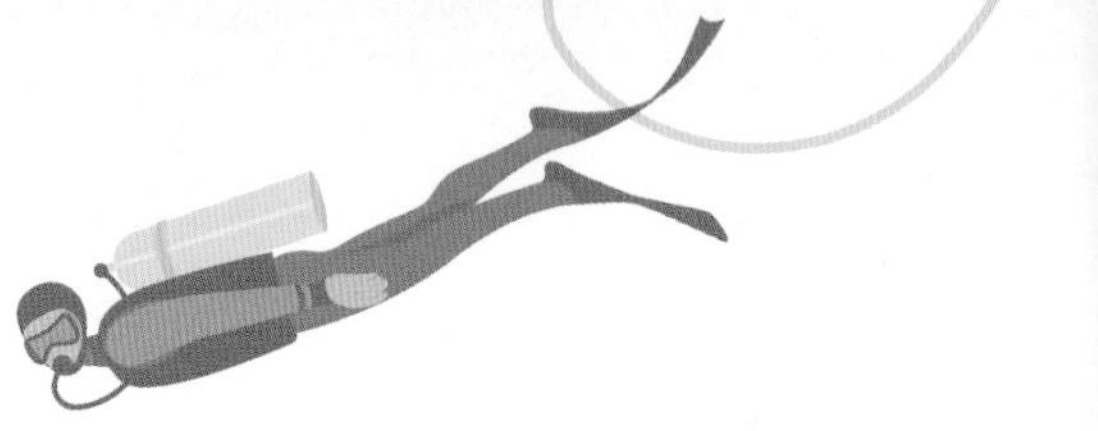

遺物や遺跡から人類の営みについて研究する学問「考古学」。そのなかでも湖や海といった水のなかをフィールドとする場合は「水中考古学」と呼ばれます。

島国である日本にとって海は身近な存在です。しかし日本において水中考古学は発展途上の分野だといえます。「だからこそ今後様々な発見が見込める。キミも第一人者になれる!」と熱く語るのは、水中考古学に30年以上取り組む國學院大學研究開発推進機構の池田榮史《よしふみ》教授です。

池田教授によると、遺跡や遺物は陸地、水中どちらで発見されても、学問的な研究対象としての側面と、未来に遺していく文化財としての側面の2つがあるといいます。

ルネサンスをきっかけに意識が向けられた

水中考古学についての理解を深めるために、まずは歴史をひもといてみましょう。

話は16世紀ごろまでさかのぼります。契機となったのはヨーロッパで起こったルネサンス。ルネサンスには、ギリシア文化やローマ文化といった、古代の文化を復興させる動きがありました。そこで海のなかにも意識が向けられるようになったのです。というのも、美術品を積んだまま沈没した船もあったからです。また航海の途中で嵐などの災難に遭うと、人々はときおり積み荷の美術品を海に沈めていました。それは神への捧げもの。自らの無事を願い神に祈っていたのです。

海で働く人々はルネサンス以前から、こうした遺物の存在を知っていましたが、大きな関心を寄せることはありませんでした。ところがルネサンスを機に、引き揚げて古物愛好家に売り渡せば、大きな利益を得られるのではないかと考える人々が現れ始めます。

水中での作業に試行錯誤日本では諏訪湖論争勃発

こうして海底には歴史的価値のあるものが沈んでいるのだという認識が広がっていきました。ただ当時は、深く長く潜るための道具がない時代。素潜りで水中に滞在できるのは頑張っても2分半ほどでしょう。そこで当時の人々は……。

「大きな釣り鐘を海に入れ、なかに溜まっている空気を吸いながら作業をする『ダイビングベル』と呼ばれる方法を考えました。素潜りと比べると長時間の潜水が可能なものの、ベルのなかの酸素量は段々と減りますから、あまりよい方法とはいえませんよね。ほかにも、宇宙服のようなものにチューブをつなぎ、船から常時空気を送り込むという方法

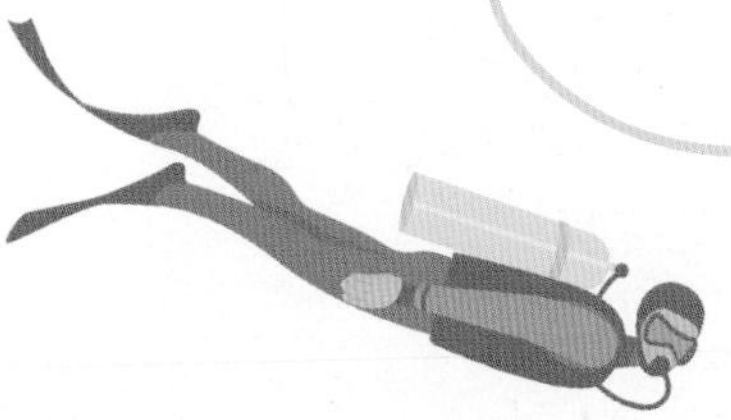

國學院大學研究開発推進機構
池田《いけだ》榮史《よしふみ》 教授

池田教授が海に潜る際に装着されるウェットスーツやマスク（水中メガネ）など。腰につける重りや空気圧調整具で、水中での降下や浮上のスピードを調整します。

が編み出されました。酸素量の問題は解決できるものの、チューブによって行動範囲が制限されてしまうというデメリットがありました」と池田教授が話されるように、なんとかスムーズな作業を実現できるよう、試行錯誤が繰り返されていました。

では現代の水中考古学者たちはどうしているのかというと、ウェットスーツやドライスーツを着たうえで空気タンクを使用しています。ドライスーツとは服の上から着用できるもので、濡れることがなく、水温が低い場合でも潜水が可能になります。加えてマスク（水中メガネ）や足のフィンも装着すれば万全です。

「ダイビングの道具を発明したのは、フランス海軍といわれています。当初は敵艦に爆弾を仕かける際に使われていましたが、第2次世界大戦が終わると一般に広がりました。同時に水中考古学の研究も本格化し、1980年代以降は法も整備されて世界各国で遺物の売買が禁止されました。発見されたものは、元の所有者（国）もしくはその海域を有する国のものであり、文化財として保護するという意識が高まりました」（池田教授）

ここで日本の歴史にも目を向けると、明治時代に行われた長野県・諏訪湖の調査が水中考古学の始まりとされています。目的は湖の成り立ちや特徴を調べること。ただ、湖底から石鏃《せきぞく》（矢じり）が見つかったことで「諏訪湖には湖上集落があった」「いやいや、水位が上がって陸地の一部分が沈んだんだ」という論争が勃発。

諏訪湖論争に続き、琵琶湖からの土器出土、北海道での沈没船「開陽丸」発見といった出来事が起き、日本における水中考古学の歴史が本格的に幕を開けることとなりました。

なぜ ときを越えて長期間保存されるのか

ところでなぜ人間が作り出したモノが水中で何百年もの間、残るのか不思議に思いませんか。

池田教授に尋ねると「モノが劣化する理由は素材によって異なりますが、基本的には酸素やバクテリアが関係します。バクテリアには木材や鉄を好む種がいるので、沈んでいるモノを食べたり錆びを加速させたりするんです。ただ地中海やカスピ海などの深い海底には酸素がないため、バクテリアもおらず沈んだままの形でモノが残ることもありえます。

一方、私が調査している伊万里湾は浅く、バクテリアに加え木材を好むフナクイムシという貝がいるので、海底から露出した木材は食べられてしまいます。ただ泥のなかに完全に埋まれば、その上に泥が積もり、バクテリアやフナクイムシも棲息不可能な無酸素状態となって、いい保存環境が整います」とのこと。

歴史的な痕跡は様々な条件がそろったうえで、現代に伝えられていることがわかります。それらを発見し、古代の文化や生活を解明するのが水中考古学という学問です。

潜るポイントまでは船で向かいます。水中作業をするメンバーのほか、船上でのサポートを担当するメンバーも乗り込みます。

研究の進め方

次に実際の水中考古学における研究の進め方についてみていきます。池田教授が長年取り組まれている鷹島海底遺跡を例に、水中考古学の世界をのぞいてみましょう。

鷹島海底遺跡

場　　所	伊万里湾（長崎県・佐賀県）
調査対象	蒙古襲来（元寇）
調査開始年	1980年
おもな発見	鷹島１号沈没船、鷹島２号沈没船、いかり、食器、武器（てつはう）など

鎌倉時代、1274年（文永の役）と1281年（弘安の役）の２度にわたってモンゴル帝国（元）や属国の高麗などの船団が日本へ攻め入ってきました。社会科の授業で習う歴史的な出来事「蒙古襲来（元寇）」です。弘安の役では、約4400隻が伊万里湾に襲来しましたが、暴風雨に見舞われ、その大半が遭難。この蒙古襲来の痕跡が見つかっていることから、伊万里湾の一帯は鷹島海底遺跡と呼ばれています。

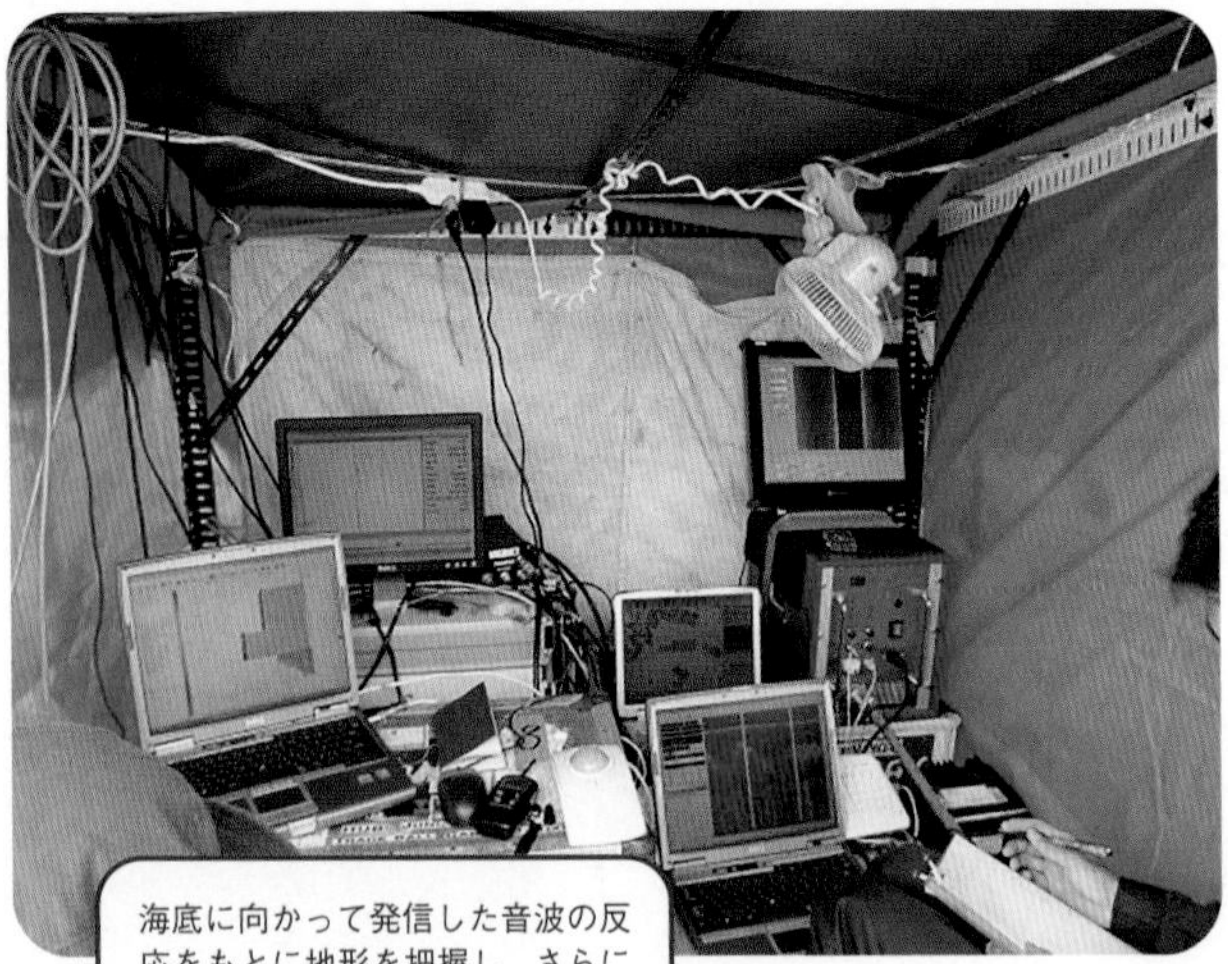

海底に向かって発信した音波の反応をもとに地形を把握し、さらに音波の周波数を変えることで泥のなかの状態（堆積層）を調べます。

事前調査

伊万里湾は東西約13km、南北約7.4kmの広さです。そのどこに蒙古襲来の遺物が埋まっているかはわかりません。そこで池田教授はまず地図を作成することに。地図とひと口にいっても、海底の地形、海底下の地層情報をまとめた、遺物を見つけるための特別なものです。何年もかけて現地を船でまわり、コツコツと情報を集めていきました。

伊万里湾の位置図。水中で作業をするうえで重要な情報、水深が詳しく記載されています。

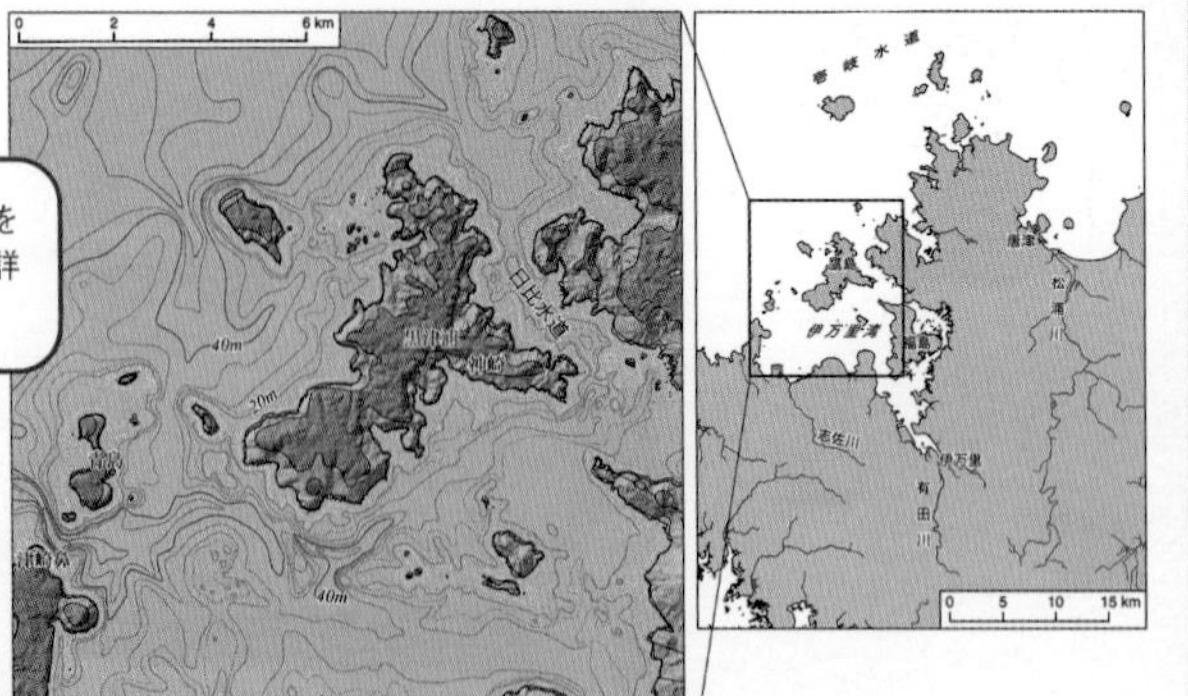

（楮原京子作成『科学研究費調査研究報告書』2016より）

水中調査

作成した地図をもとに潜る場所を決め、海のなかへ。あまりにも深く潜ると人体に影響が出る可能性が高くなり、また空気も多く必要になります。そのため水深20mほどの海底を調査範囲としているそうです。伊万里湾では海底に泥が溜まる速度は100年で10㎝といわれており、蒙古襲来時の地層は海底下、約1mほどの位置にあると考えられています。

↑水面にブイを浮かべ、ブイから垂らしたガイドロープに沿って下降します。海底から舞い上がった泥によって視界が悪く、目の前のものさえ見えないことも……。それでも研究のために進んでいきます。

←地図を分析し、なにかが埋まっていると考えられる範囲に、鉄の棒を突き刺します。その手応えによって、遺物があるかどうかを判断するのです。適切なポイントを見極めるための大切な工程です。

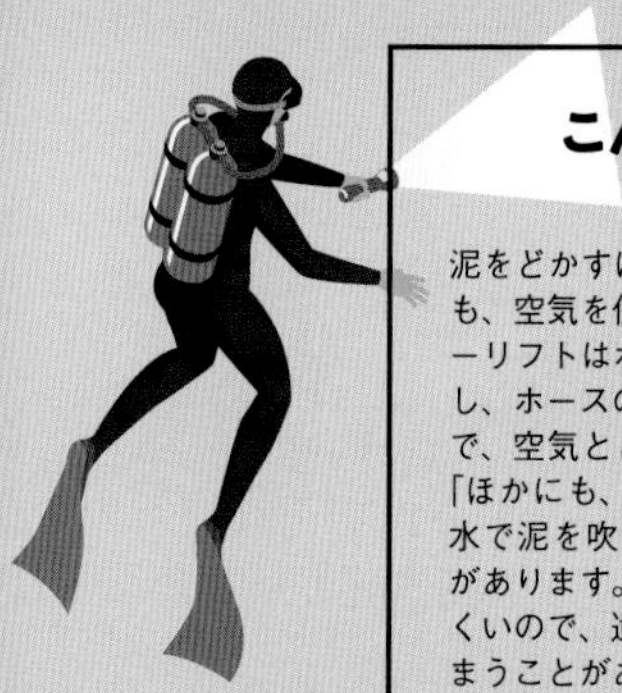

こんな方法も

泥をどかすには、水中ドレッジ以外にも、空気を使う方法があります。エアーリフトはホースを立てて水中に設置し、ホースのなかに空気を入れることで、空気とともに泥を吸い上げます。「ほかにも、消防用のホースを使って水で泥を吹き飛ばす『水中ジェット』があります。ただ水の勢いを調整しにくいので、遺物もいっしょに飛んでしまうことがあり、おすすめしない方法です（笑）」と池田教授。

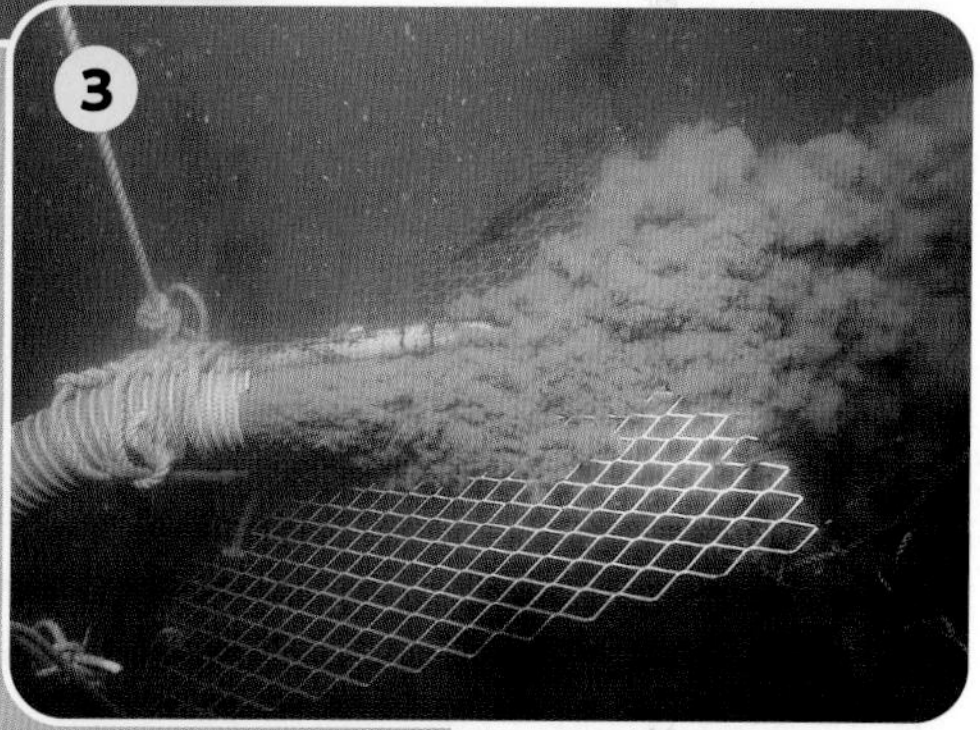

→海底の泥をどかすための「水中ドレッジ」。20mほどのホースを沈め、中央に取りつけたコネクターから海水を入れます。海水は船上のコンプレッサーから流し込むため、水圧の関係でホースの一方は吸い込み口に、一方は吐き出し口になります。誤って吸い込んでしまった遺物も収集できるよう吐き出し口には網をセットします。

泥のなかから遺物が出てきたら、埋まっていた位置やサイズなどをきちんと記録します。2012年に鷹島1号沈没船が発見された際は、船底に積んでいたたくさんのレンガも見つかりました。

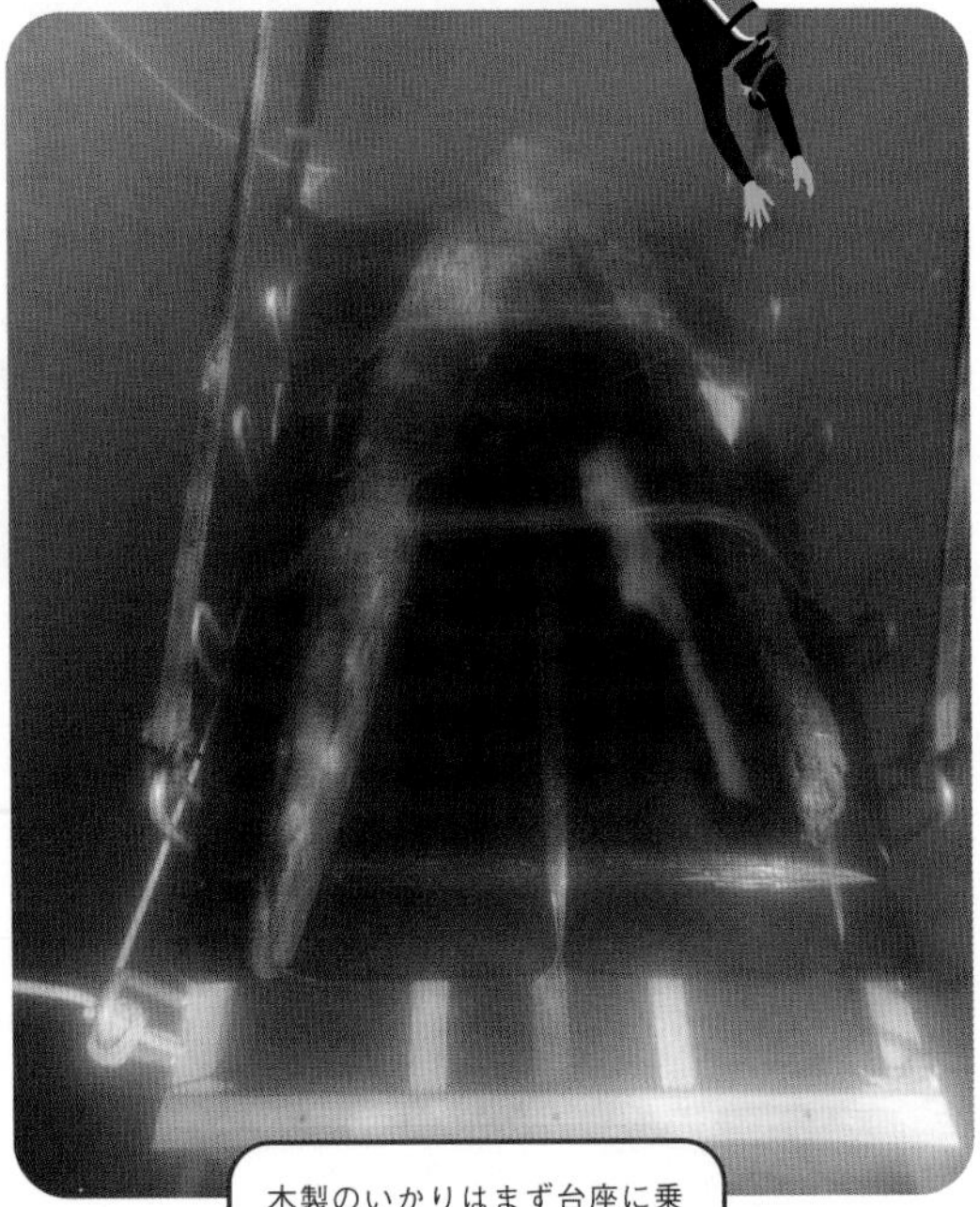

木製のいかりはまず台座に乗せ、台座にクレーンをつないで引き揚げました。

引き揚げ

水中での実測や記録が終了すると、引き揚げ作業に取りかかります。せっかく見つけた遺物を壊すことのないよう慎重に進められます。食器などの小さいものであれば、人の手で持ってくることも可能ですが、船の一部やいかりといった大きなものになると引き揚げにも工夫が求められます。プロのダイバーにも協力をお願いするそうです。

オレンジ色の浮きブイを使用しています。浮きブイの数を調整すると、浮力をコントロールできます。

保存処理

水から引き揚げた遺物は劣化が進みます。木材であれば縮みが生じ、折れることも……。そうならないために、まずは塩分を抜く脱塩処理を行い、その後保存処理を施します。池田教授は人工甘味料「トレハロース」を使用し、遺物にトレハロースを染み込ませる方法を考案しました。従来のポリエチレングリコールを使うよりも安価に短時間で保存処理が可能です。

それぞれのモノがなぜ劣化するのかを検討したうえで、処理を行うことが肝心です。

ときには埋め戻すことも

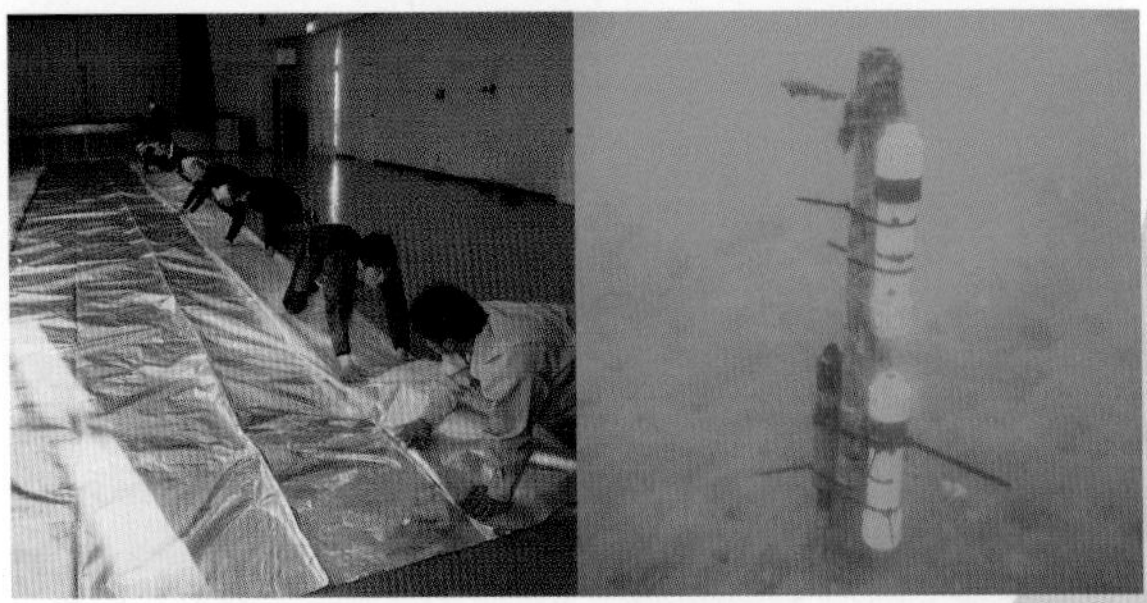

保存処理には作業を行う場所の確保が必要です。そのため、ときには準備が整うまで引き揚げを延期することも。その際は、劣化しないよう砂で埋め戻したうえで酸素を通さないシートで覆います。酸素濃度計や水温計も設置し、定期的に埋め戻した海底の環境変化をモニタリングします。

分　析

遺物は様々な角度から分析されます。「木材であれば『炭素年代測定法』で年代を調べます。またモノの形や装飾には流行り廃りがあるため、その変遷を見極める『型式学』に照らしあわせることも。ほかにも、同じ地層から出てきたら別の種類であっても同時代性を持つと考える『層位学』、過去の事例からＡとＢはいっしょに使われると判明していれば両者を同時代のものと考える『組成論』などの方法で蒙古襲来時の遺物かを確かめます。時代にそぐわないものは再調査します。事実を曲げることは許されませんから、不明なものは不明と記録しなければなりません」と池田教授。

水中考古学のイロイロ

水中考古学の世界はいかがでしたか。興味が湧きましたか。最後に、中学生のみなさんに知ってもらいたい池田教授の思いや、水中考古学のイロイロをお伝えします。

Q. 水中考古学に興味を持ったきっかけはどんなことだったのでしょうか。

私はもともと國學院大學で古墳を研究していました。ただ、縁あって琉球大学に勤務することになり、水中考古学に興味を持つ学生に出会ったんです。指導するからには私も勉強しなければいけないと思いダイビングの資格を取りました。さらにその学生が鷹島海底遺跡の調査にも参加したので、現地に同行していたところ、責任者の先生から研究を引き継ぐことになり、いつの間にか水中考古学の世界にどっぷりとはまっていました（笑）。

Q. 水中での作業に恐怖心はありませんか。

はじめのうちは怖かったですね。不安が押し寄せて心臓はドキドキ、呼吸が速まり吐く息はボコボコ。ただ回数を重ねていけば段々と慣れていきます。

そして安全のために、必ず２人もしくは３人のチームを組んで潜ります。さらに船上にはサポートチームもいます。作業をしているとついつい夢中になってしまいますから、サポートチームのメンバーが「20分経過……30分経過……そろそろ作業を終了してください」といった形で、水中会話装置や水中にセットしたスピーカーを通して指示してくれます。

Q. 研究の原動力はなんでしょうか。

好奇心でしょうね。研究者はだれもが好奇心の塊ですよ。

うまくいかないこともありますが、少しずつめざしている段階に近づいているのを感じると嬉しいものです。実際に蒙古襲来の船の一部が見つかったときは最高の気分でした（笑）。

試行錯誤しながら、目の前に現れた謎の解決方法を考える。これが学問であり、答えが見つかったときの喜びが学問の醍醐味でしょう。同時に、自分の取り組みを「学問」とするためには、その研究が社会的な意義を持たなければなりません。

鷹島海底遺跡の調査であれば、歴史的事実の解明をする、また蒙古襲来という戦争について明らかにし、改めて世界に平和の大切さを伝える……そうした社会的意義があると考えています。

鷹島１号沈没船調査時の１枚。手前左端が池田教授。

Q. 水中考古学に携わるためには、どのような知識が必要ですか。

水中考古学は色々な知識が活かせ、専門家とつながるなど、広がりのある学問といえます。例えば音波探査は地球物理学、保存処理は保存科学と、その工程によって異なる知識が求められます。そして、蒙古襲来について詳しく検討するためには、文献を調査する歴史学の専門家、見つかった文化財を保護し活用の方法を社会に訴えかけるのであれば市町村の文化財担当者……といった形で、多くの人の協力が必要です。このように水中考古学には様々な方向からかかわることができます。

Q. 中学生にメッセージをお願いいたします。

与えられる学びではなく、自分がおもしろいと感じて主体的にアクションを起こせる対象を見つけましょう。興味を持てるものは、日常生活のなかにもあるはずです。その気づきを大切にしてください。専門的な学びは、そこからスタートします。

水中考古学におけるノウハウはほぼ確立できたので、このノウハウを次の世代に引き継いでほしいと思います。学問は不変ではありません。新しい技術や情報を追加していくことで新たな成果が生まれ、どんどん変化していきます。学問はとても楽しいですよ。水中考古学を担う若者を待っています。

私立高校 WATCHING

神奈川　横浜市　共学校

桐蔭学園《とういんがくえん》高等学校

いまを大切に生きること
それがあなたの未来につながる

なぜ学ぶのか……その問いを大切にして、生徒の夢をサポートする桐蔭学園高等学校。次の時代を主体的に生き抜くための様々な人間教育が実践されています。

岡田《おかだ》 直哉《なおや》 校長先生

所在地：神奈川県横浜市青葉区鉄町1614番地　アクセス：東急田園都市線「青葉台駅」「市が尾駅」、東急田園都市線・横浜市営地下鉄ブルーライン「あざみ野駅」、小田急線「柿生駅」「新百合ヶ丘駅」バス
生徒数：男子1477名、女子1246名　TEL：045-971-1411　URL：https://toin.ac.jp/high/

⇒3学期制　⇒週6日制　⇒月～金6時限（プログレスコースのみ木7時限）、土曜4時限
⇒50分授業　⇒1学年20～23クラス　⇒1クラス40名程度

「新しい進学校」として変化し続ける桐蔭学園

創立50周年を機に、教育ビジョン『自ら考え判断し行動できる子どもたち』を掲げ、翌2015年度から次の50年を見据えた学校改革をスタートさせた桐蔭学園高等学校（以下、桐蔭学園）。2018年度の男女共学化が大きなターニングポイントとなり、以来、受験生とその保護者から多くの支持を集めている学校です。2024年度に改革10年目を迎えるにあたり、自身も桐蔭学園の卒業生であり改革プロジェクトチームのリーダーとして邁進《まいしん》されてきた岡田直哉校長先生に、これまで、そしてこれからの10年についてうかがいました。

「改革を始めるにあたり、まず考えたのが、桐蔭学園全体で共有できる教育ビジョンでした。生徒が社会で活躍する10～20年後は、いまよりいっそう変化の激しい予測が困難な時代になっているはずです。そのなかで、それぞれの生き方に合った最適解を考えることができる人になってほしい、そう考えて生まれたのが『自ら考え判断し行動できる子どもたち』という教育ビジョンです。

あっという間の10年でしたが、私からみても桐蔭学園はずいぶん変わったと思います。生徒の成長ももちろんですが、当時の若手教員がこの10年で本校の中枢を担う存在に成長してくれたことを、いまはとても嬉しく思っています。

次の10年も桐蔭学園は変化し続けていきます。進学校の看板を下ろしたら桐蔭学園ではありませんから、教育ビジョンをその時代に合った内容に進化させながら学びの3本柱を中心に『新しい進学校のカタチ』を求めて改革を進めていきます」（岡田校長先生）

2024年度入学式の様子

学びの3本柱を実践し夢を語れる情熱を生む

桐蔭学園では、改革当初から「アクティブラーニング型授業」「探究（未来への扉）」「キャリア教育」を学びの3本柱として、授業をベースにした学びが行われています。では、その学びの3本柱をみていきましょう。

まずは、桐蔭学園の代名詞ともいえる「アクティブラーニング型授業」は、「個」→「協働」→「個」の学習サイクルで展開されています。授業は学習目標を明確にする「個」の学習から始まり、「協働」するグループワーク・ペアワークへと進み、多様な意見や考え方に触れ視野を広げていきます。そして授業の最後に「ふり返り」を行い「個」の学びへと落とし込んでいきます。桐蔭学園では講義型の部分（個）も大切にしており、協働の部分とのバランスを考えながら授業が行われています。

また、この学びのスタイルは部活動でも実践されています。例えば、ラグビー部は生徒主体のアクティブラーニング型ミーティングを積極的に取り入れています。自分たちが設定した目標に向けて、考え、判断し、行動に移す教育ビジョンを実践し、今年、全国制覇を果たしています。

2つ目の「探究（未来への扉）」では、楽しむことをモットーに2年間のプログラムが組まれています。高1の1学期は探究の基礎スキルの習得、2学期から高2の1学期までは、人文科学や自然科学など60ほどのゼミに分かれて個人研究を行います。最終的に全員がそれぞれの研究を発表し、高2の3学期に論文を完成させます。

「必ずしも高度な研究を求めているわけではありません。探究の基礎スキルをしっかりと学び、自分が興味を持った分野を研究したことで、どれだけ思考力・判断力・表現力を磨くことができるかが大事だと考えています。そこで得た感動を大学や社会での研究につなげてほしいと思います」と岡田校長先生。

3つ目の「キャリア教育」は、いまの自分と将来の自分という「2つのライフ」をつねに意識しながら進められています。「学びの手引き（キャリアパスポート）」という独自のテキストに従い、まずは自己理解から始まります。その後、高1は「社会とつながる」、高2は「学問とつながる」、高3は「未来とつながる」を大きなテーマにして、校内・校外で実施される様々なキャリアイベントにも参加しながら、将来ありたい自分の姿を見つけることが目的とされています。

そして、高2の3月に、生徒1人ひとりが担任と保護者に対して、進路希望や自らの将来像についてプレゼンテーションする「プレゼン型三者面談」を行い、自分の進む道をしっかりとイメージしていきます。

「入学式や卒業式では、『夢を語れる情熱を』という言葉を必ず生徒に贈っています。夢とは将来の自分のありたい姿ですが、その姿を簡単に見つけることはできません。色々な感動を重ねることで、自分の将来の姿、夢が少しずつ見えてくるのだと思います。では、その感動はどうすれば得られるのでしょうか。それは、いま生徒たちが取り組んでいる日々の『学び』からだと私は思うのです。そのためにも、本校では『学びの3本柱』を大切にし、さらに充実させた内容にしていかなければならないと考えています」（岡田校長先生）

進路に対応した3コースで生徒の夢を実現する

桐蔭学園には、志望する進路に対応した3つのコース（プログレス・アドバンス・スタンダード）が設置されています。入学後にコース間の移動はなく、3年間同じコースに所属します。

プログレスは医学部を含む難関国公立大学への進学に対応するコースで、アドバンスとスタンダードはともに国公立大学や難関私立大学など幅広い進路に対応したコースです。プログレスは国公立大学に50％以上、アドバンスとスタンダードはMARCHレベル以上に50％以上の現役合格をめざしています。志望大学の合格に向けた

学びの3本柱

桐蔭学園では学びの3本柱を中心に様々な教育が実践されています。各種発表会で使用されるホールや図書館、生徒食堂などの施設も充実しています。

1.探究発表会の様子　2.キャリア教育で東京証券取引所を訪問　3.様々な発表が行われるホール　4.高校の食堂
5.アクティブラーニング型授業の様子

学習支援としては、放課後のアフタースクール学習支援プログラムや学びのつまずきを克服するための夏サポート（高1）、5泊6日の校外講習（高2）などがあり、高2・高3の夏期講習といった長期休暇プログラムも充実しています。

　また、桐蔭学園では「アフタースクール」と呼ばれる課外活動が活発に行われています。「自ら学びたいことを学ぶ」「人・世界と出会う」「生徒が作り出す」をテーマにして、各種ボランティアや様々な教養講座が放課後に設置されており、部活動と同様にどのコースの生徒も制限なく自由に参加できるのも特徴の1つです。

「いずれのコースで学んでいたとしても、自ら考え判断して、勉強はもちろんですが、部活動、学校行事、アフタースクールなどに積極的に取り組んでほしいと思います。実際にいまの生徒たちもそうした意識を持って、バランスのとれた学校生活を楽しんでいます」と岡田校長先生は話されます。

　改革当初からの教育ビジョンをこれからの時代に合った内容に進化させつつ、学びの3本柱を中心にした教育をさらに推進する桐蔭学園。変化の激しい社会で必要とされるイノベイティブ（革新的）な発想力を育み、「新しい進学校のカタチ」を追及しています。

　最後に桐蔭学園をめざしている受験生のみなさんへ岡田校長先生からのメッセージです。

「みなさんには自分と向きあい、いま自分はなにに関心があり、なにに感動しているのかを見つけてほしいと思います。これからどう生きていきたいか、なにをしたいかを考えることは、同時にどんな未来を生きたいか、未来をどんなものにしたいのかという自分の夢を考えることでもあるんです。そして、その夢を語ることで少しずつその夢に近づいていけるのだと思います。なぜ学ぶのか……少し難しい問いですが、ぜひ本校で、みなさんなりの答えを探してみてください。そして、夢を語れる情熱を持ってほしいと思います」

学校生活

部活動が大変盛んな桐蔭学園。緑豊かで広大な敷地のなかで、体育祭・学園祭などの多彩な学校行事も多く、思いきり高校生活を楽しめる学校です。

6. 体育祭　7.学園祭　8.　和太鼓部　9.箏曲部　10.ラグビー場　写真提供:桐蔭学園高等学校　※写真は過年度のものを含みます。

■2024年3月　大学合格実績抜粋　( )内は既卒

国公立大学		私立大学	
大学名	合格者数	大学名	合格者数
北海道大	4（2）	早稲田大	65（6）
東北大	5（0）	慶應義塾大	66（7）
筑波大	7（2）	上智大	36（0）
東京大	2（1）	東京理科大	87（19）
東京外国語大	2（0）	青山学院大	112（21）
東京工業大	10（0）	中央大	107（20）
一橋大	2（1）	法政大	121（25）
東京学芸大	5（1）	明治大	137（17）
東京都立大	7（1）	立教大	61（7）
横浜国立大	20（1）	学習院大	38（8）
横浜市立大	6（2）	国際基督教大	2（0）

ワクワクドキドキ
熱中部活動

共栄学園《きょうえいがくえん》高等学校 東京 共学校

競技かるた部

研ぎ澄まされた集中力で一瞬の勝負を制する

共栄学園高等学校の競技かるた部は、日々明るく楽しく活動しています。初心者でも気軽に楽しめ、やればやるほどおもしろさを感じられる競技かるたに部員たちは熱中しています。

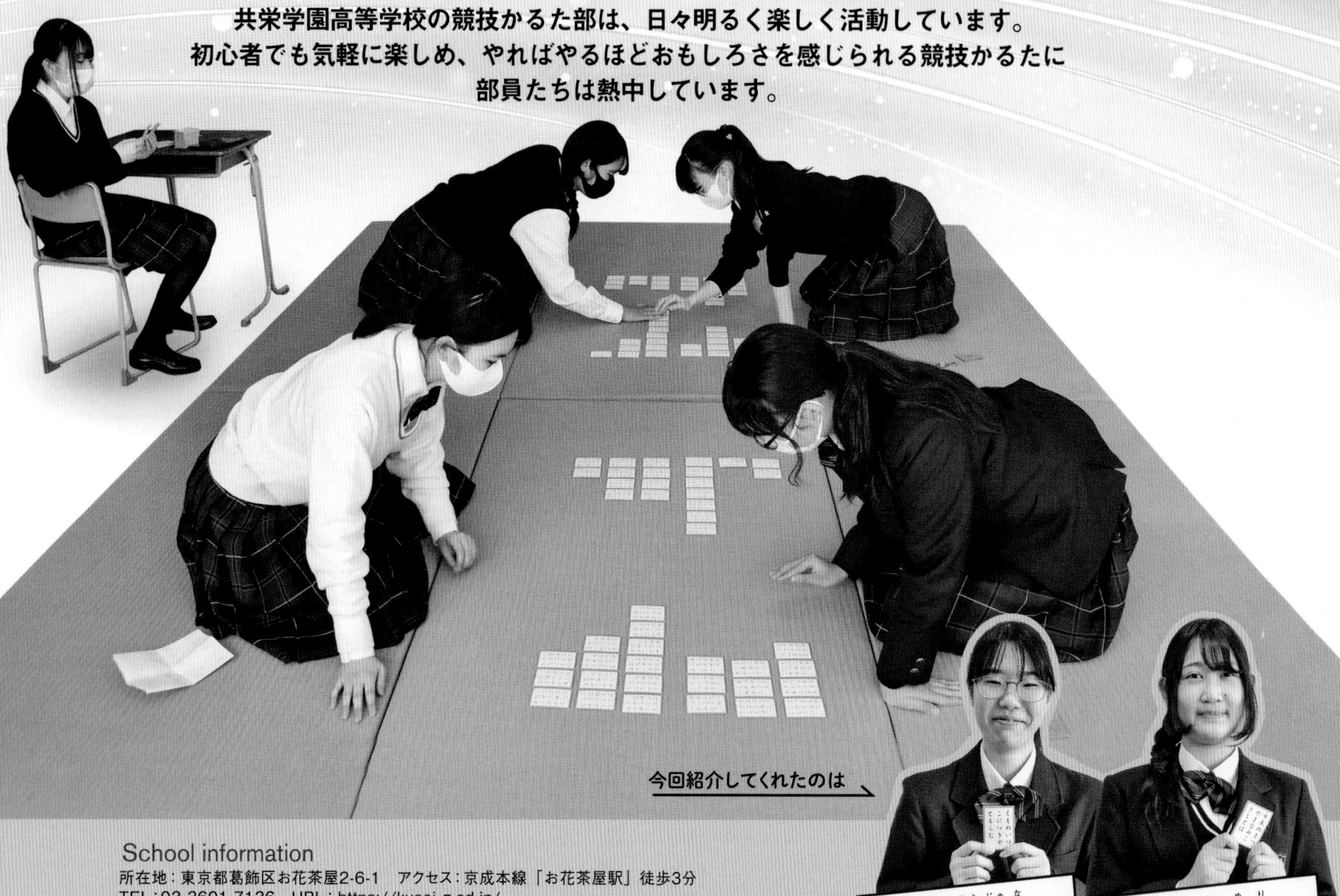

今回紹介してくれたのは

高3 副部長 島村 樹奈《しまむらじゅな》さん

高3 部長 堀井 萌琳《ほりいめり》さん

School information
所在地：東京都葛飾区お花茶屋2-6-1　アクセス：京成本線「お花茶屋駅」徒歩3分
TEL：03-3601-7136　URL：https://kyoei-g.ed.jp/

運動と見まがう熱量と激しさで見応え充分

100人の歌人の和歌を1つずつ選んで集めた百人一首。これが書かれた札を用いる競技かるたに、共栄学園高等学校（以下、共栄学園）では部活動として取り組めます。

競技かるたは、百人一首の札を使い1対1で争われ、全国大会が開かれるほど盛んな競技です。

基本的なルールは、取り札といわれる下《しも》の句が書かれた100枚の札のなかから、それぞれが無作為に選んだ25枚を自分の陣地に配置します。読手《よみて》は、読み札といわれる上《かみ》の句、下の句が書かれた札を読みあげ、その下の句が書かれた札を先に触ると、自陣の札なら場からはずし、相手陣の札ならその札をはずして自陣にある札を1枚、相手側へ渡します。これを繰り返し、相手より先に自陣の札をすべてなくすと勝ちになります。

1つずつの読みに対して、1文字目が読まれた時点で取る札が確定する場合もあり、勝負はまさに一瞬。並べられていない取り札が読まれることもあるので、高い集中力が求められます。大会では、読手の声が聞こえるように、周りの人は足音すら立ててはいけない緊迫した空気に包まれます。

札が確定するまで手で壁を作って相手に取られないためにキープするような技や、選ばれた25枚の取り札をどのように配置するかの戦略など、見た目以上に競技性が高いのも特徴。白熱するあまり、思わず対戦相手の手と接触することもあるなど、運動部さながらの激しさで、見応えがあります。

大会は基本的に個人戦ですが、5人による団体戦も。競技かるたを題材にした漫画の影響もあり、全国各地の学校に部活動があります。

初心者でも手軽に親しめるグッズや遊び方が満載

共栄学園の競技かるた部は、現在5人で週3日ほど活動しています。部員のほとんどが高校から新しく始め、部長の堀井萌琳さんも共栄学園入学を機に、競技かるたの世界に足を踏み入れました。

「小学生のころから百人一首を知っていたので、そのときから興味がありました。漫画を読んだ影響もあり、高校に入学してから友だちに誘われて入部しました」（堀井さん）

副部長を務める島村樹奈さんは共栄学園の附属の中学校に入ると同時に競技かるたを始めました。

「小学生のころに、友だちが競技かるたをやっているのをたまたま見て、札を取る姿に『かっこいい！』と感じたのが始めたきっかけです。試合時間は、長いときで1試合2時間ほどかかり、大会では1日に3試合もすることがあるので、終わったころには頭がパンクします（笑）。集中力がないと大変ですが、好きだからこそ、これだけ集中できるのだと思います」（島村さん）

入部してまず取り組むのが、百人一首を覚えること。100首の短歌をすべて頭に入れるのは大変ですが、初心者でも気軽に覚えられるようなグッズやコツがあります。

下の句が書かれた取り札には、文字しか書かれていませんが、「赤札」といわれる初心者用の札には、下の句のなかに、上の句の一部が透かし文字で入っているので、どれが対になるのかがわかりやすくなっています。

「この赤札を使ったり、絵が描いてある札を使った『坊主《ぼうず》めくり』という遊びをしたりと、まずはかるたに慣れ親しむこと、より知ってもら

初心者用

やくやもし
ほのみもこ
かれつつ

競技用

ひとこそし
らねかはく
まもなし

㊧絵が描かれていない下の句だけのシンプルなデザインの札を使用します。㊨初心者用には、上の句の一部が書かれています。

普段は校内の合宿所などを使用しますが、長期休暇中は教室内に畳を敷いて練習します。集中する姿から真剣さが伝わってきます。

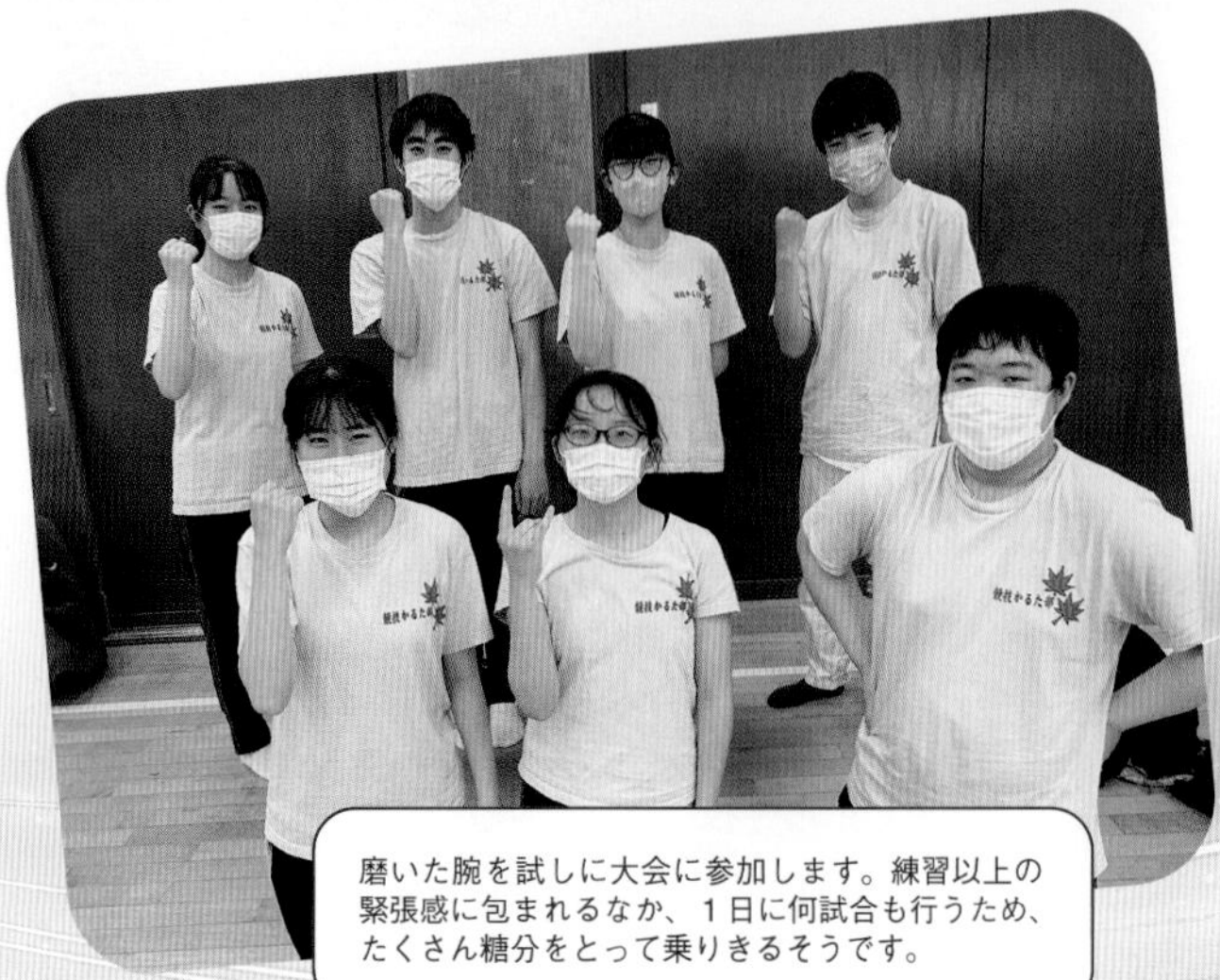

磨いた腕を試しに大会に参加します。練習以上の緊張感に包まれるなか、1日に何試合も行うため、たくさん糖分をとって乗りきるそうです。

写真提供：共栄学園高等学校　※写真は過年度のものも含みます

うことから始めます。百人一首をまったく知らない人の方が、意外とゴロ合わせですんなり覚えることができます」と堀井さん。自身も約1年かけてすべての短歌を覚えたそうです。

日々の活動内容は、部員同士で試合をすることがメイン。明るい雰囲気の部員たちですが、いざ試合が始まると空気が一変して、その表情は真剣そのもの。読まれた短歌に素早く反応して、次々と取り札を取っていきます。札を覚えきれない部員はメモを見るなど、それぞれのペースで試合に取り組みます。

そうした積み重ねの成果を出す大会は、1年を通して定期的に行われていて、どの会場でも練習以上に張り詰めた空気が漂うそうです。

こうした環境のなかでやるからこそ得るものも大きいそうで、島村さんは「競技かるたをやったことで、反射神経がよくなりました。また、1つのことに集中する力もつき、勉強にも活かせていると思います」と話します。

ほかの部活動と同じように、練習した成果を大会で出せることが、競技かるたのおもしろさ、醍醐味だと2人は口をそろえます。

「それぞれに得意な札があるので、取り札にそれが来るときもあれば、苦手な札が来るときもあります。取り札の種類に加え、並べ方によって実力が上の相手にも勝てる可能性があるので、そこが競技かるたの楽しさです」（堀井さん）

「札をしっかりと覚えて、練習や大会で初めて1枚取れたときの達成感はすごくありますし、『次も頑張ろう』というモチベーションにもつながります」（島村さん）

勉強　先輩からのアドバイス　受験

高3

堀井 萌琳さん　島村 樹奈さん

Q島村さんは附属の中学校から共栄学園に通っていますが、志望した動機を教えてください。

島村さん：私の祖母、母、姉が共栄学園の出身で、私も興味を持ったので実際に学校を見学してみると、校内の雰囲気がよく、個性的な先生も多いので、ここで学んでみたいと思ったのがきっかけです。

Q高校に上がってから変わったことはありますか。

島村さん：大きな変化はありませんでしたが、授業数が1コマ増えて7時間になったのは大変でした。そのときに部活動で鍛えた集中力が活きました。また、中学までは勉強以外のことに熱中してしまう日があったのですが、このままだと周りにおいていかれると感じ、高校では少しでも机に向かう時間を増やそうとしました。

Q堀井さんは高校から共栄学園に入ったそうですが、志望した理由を教えてください。

堀井さん：私も姉が共栄学園に通っていたということがポイントの1つでした。ほかには資格、課外活動などが入試で加点されるのも大きかったです。

Q現在のコースの特徴や学校内の雰囲気を教えてください。

島村さん：私は特進コース（※）です。内部生と外部生が同じクラスになっていて、そこに壁は感じません。全体的に落ち着いている人が多く、楽しむとき、勉強に集中するときのメリハリがしっかりしている印象です。

堀井さん：私も特進コースです。もう一方の進学コースは、運動部に所属している生徒が多いので、明るくて活発な雰囲気に包まれています。

Q勉強と部活動の両立で意識していることはありますか？

堀井さん：日々の授業で出される課題に取り組むこと、テスト前には範囲内のことをしっかりと復習することを意識しています。

島村さん：部活動がある日は、頭が疲れていますが、30分など短時間でも勉強をする、という習慣をつけています。内容は、その日の授業でつまずいたこと、気になったことなどの復習がメインです。

Q最後に、読者に向けてメッセージをお願いします。

堀井さん：とにかく、自分が高校やその先でなにをしたいのかを決めることが大事です。そうした目標、目的ができれば、勉強へのモチベーションが高くなるはずです。

島村さん：受験期間はつらい日々が続くと思いますが、それを乗り越えたら楽しい高校生活が待っています。また、いまやっていることは、未来の自分への投資になるはずです。健康に気をつけながら、勉強を頑張ってください。

※2023年度まで。2024年度から2コースを5コースへ再編

あなたらしく始める、あたらしいステップ

□ 中央大学とつながる

92%

（2023年度　中央大学内部推薦進学実績）

条件を満たせば他大学受験も可能なので、ほぼ100%の生徒が現役で大学へと進学します。

□ 社会とつながる

卒業論文・理数探究

３年次に文コースは卒業論文、理コースは理数探究で、社会とつながる大人としての視野を獲得します。

□ 世界とつながる

海外研修

イギリス・オーストラリア・ニュージーランド・韓国・マレーシア。学年も期間も目的もさまざまな研修を準備しています。

探究的な学び－C.S.Journey

中杉の教育方針は、「共育」と「共創」です。

その方針は、「C.S.Journey」と名付けられた３年間の探究的な学びで具体化されます。各学年の目標を、１年生：準備、２年生：参画、３年生：自立とし、少しずつかつ確実に学んでいきます。

フルスペックの大学附属校

中杉は、９割以上の卒業生が中央大学へ進学するフルスペックの大学附属校です。７年間の「高大一貫教育」は科目等履修制度、ライティングラボなどをはじめとした中央大学との共同プログラムによって支えられています。

中央大学杉並高等学校

CHUSUGI
CHUO UNIV. SUGINAMI HIGH SCHOOL

〒167-0035　東京都杉並区今川2-7-1
TEL　03-3390-3175　FAX　03-3396-1682
URL　http://chusugi.jp/　MAIL　go@chusugi.jp

■ JR中央線・東京メトロ丸ノ内線荻窪駅から西武バスで８分

■ 西武新宿線上井草駅から徒歩12分

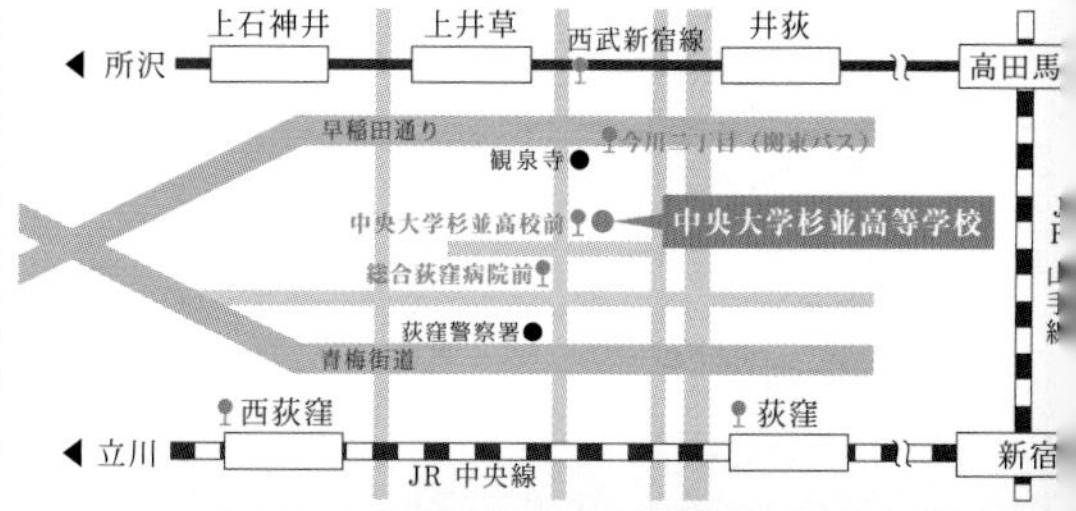

F サッカー部　G 制服　H ICT機器を用いた授業

淑徳巣鴨《しゅくとくすがも》高等学校
〈共学校〉

1919年に創立し、100年を超える伝統を持つ淑徳巣鴨高等学校。「気づきの教育」をキーワードに生徒の主体性や個性を伸ばし、多様化が進む現代に必要な、共生の心を有した人物を育てています。

多くの気づきが成長をもたらし将来の可能性を広げていく

西巣鴨駅のほど近く、アクセス良好な明治通り沿いに位置する淑徳巣鴨高等学校（以下、淑徳巣鴨）。校訓には、学園の創設者である長谷川良信《りょうしん》の言葉「感恩奉《かんのんほう》仕《し》」を定めています。入試広報部長の石原克哉先生は「『感恩』は自分を取り巻くすべてのものに感謝する心を、『奉仕』は、身につけた能力を他者や世の中のために生かした生き方をすることを意味します。その実践の第一歩として、生徒たちはあいさつを大事にしており、毎朝朗らかに声を交わしあうことが、学校の文化として根づいています」と説明されます。

こうした明るい校風のなか、淑徳巣鴨は生徒の可能性を引き出す「気づきの教育」を行っています。多くのことに主体的に取り組み、疑問や課題を見つけながら気づきを得て、さらなる挑戦を繰り返すことで成長していくのです。

気づきを与えるきっかけの1つとして実施されているのが、「希望の星」の取り組みです。「いつも進んで黒板を消してくれる」「荷物運びで困っていた人を手伝った」など、学校生活のなかで輝く生徒を「希望の星」として表彰し、担任からの紹介文と顔写真を掲示します。

「本人が当たり前に感じていることでも『それはあなたのすごいところだよ』と伝えることで、自分のよさに気づいてほしいと考え

Photo　A 体育祭　B 文化祭　C ネイティブ教員による授業　D 海外修学旅行（イギリス）　E ギター部

写真提供：淑徳巣鴨高等学校　※写真は過年度のものを含みます。

ています。ここで得た自信を、新たなチャレンジにもつなげていってもらいたいです」（石原先生）

受験に向けた力を高めながら多様化社会を歩む力を養う

淑徳巣鴨には2つのコースがあり、選抜コースには最難関国立大学に挑むアルティメットクラス、最難関私立大学文系や海外大学進学が目標のプレミアムクラス、難関国公立・難関私立大学をめざす選抜クラスが用意されています。このうちプレミアムクラスは、日本人・ネイティブ教員のダブル担任制です。また、特進コースに設置されているのは有名私立大学への進学をめざす特進クラスで、文理を問わず幅広い進路に対応できるよう学習を進めていきます。

なお入学時の所属にかかわらず、進級の際は自分の学習計画に合わせて、コース・クラスを変更することが可能です。

授業でも、新たな視点や考え方に気づくことを重視した指導が展開されています。加えて各種講座や、毎日の「朝テスト」で知識の定着を促し、大学受験に向けた力を伸ばしていきます。

また志望校選択では、安心して第1志望に臨めるよう、各自の成績や個性をもとに教員全員で出願パターンを検討し、生徒に提案するJKS（受験校決定サポートシステム）でバックアップします。

さらに淑徳巣鴨は、グローバル教育も充実しています。高1の「グローバル耕心プログラム」では、日本の大学で学ぶ外国人留学生を招いて交流を深め、3日間英語漬けの生活を送ります。

ここでの海外へ目を向けた経験をもとに、高2では全員が海外修学旅行（イギリス）に参加します。現地校との交流やオックスフォード大学見学などを通して、日本とは異なる価値観に触れることで、世界の人と協働・共生していくために必要なコミュニケーションの取り方や、自己表現の方法を学びます。このほかにもオレゴンサマーキャンプをはじめ、長期・短期の留学プログラムなど、海外を経験する機会が豊富です。

様々な気づきを通じて、将来への学びを深めていける淑徳巣鴨。生徒たちは自分のよさや能力を伸ばしながら、日々挑戦の一歩を踏み出しています。

最後に石原先生から、読者のみなさんへのメッセージです。

「入試に臨む際は『信じる』気持ちを持つことも大切だと感じます。受験生は自分がやってきたことを信じて、実力を出しきれるように努力を重ねていってください。そして保護者のみなさんは、そんなお子さんの頑張りを信じてあげてほしいと思います。

淑徳巣鴨には『気づきの教育』のもと、主体的にチャレンジを続け、成長できる環境があります。感恩奉仕の精神を胸に、ともに素敵な未来を作っていきましょう」

スクールインフォメーション

所在地：東京都豊島区西巣鴨２-22-16
アクセス：都営三田線「西巣鴨駅」徒歩３分、都電荒川線「庚申塚駅」徒歩４分、JR埼京線「板橋駅」徒歩10分
生徒数：男子545名、女子688名
ＴＥＬ：03-3918-6451
ＵＲＬ：https://www.shukusu.ed.jp/

2024年３月 おもな合格実績

筑波大	2名	早稲田大	18名
東京学芸大	4名	慶應義塾大	12名
東京工業大	1名	上智大	39名
千葉大	6名	医学部医学科	13名
防衛医科大	1名	G-MARCH	289名

※既卒生含む

悩み解決！
高校を選ぶ❶

大学進学を視野に入れて

新たな学年が落ち着きを見せ始めたいま、中学2、3年生のみなさんは「将来の自分」に考えをめぐらせてもよい時期です。そんなみなさんを悩ませる、身近な将来の選択が高校選びでしょう。悩みや迷いがあるにしても、学習のモチベーションを上げるために、早めに「めざす高校を決めること」は大切です。本誌では高校選択は「大学進学を視野に入れる」ことを推奨してきました。いま大学入試を取り巻く状況はダイナミックに変貌していますので、今回はまず、みなさんが知っておくべき大学や大学入試の変化についてお話しします。

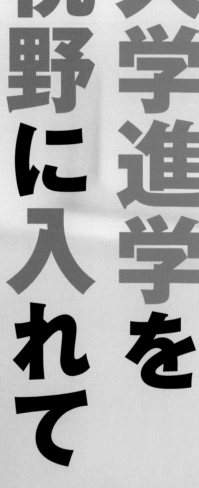

悩み解決！
高校を選ぶ①

大学進学を視野に入れて

進学後の文理選択待ったなし

高校選択をするとき、なぜ高校のことだけでなく「どんな大学に」、また「大学のどんな学部に」進みたいのかまで、考えておいた方がよいのでしょうか。

みなさんの「ちょっと早すぎない？」という声が聞こえてきそうですが、じつは高校に進むと、思ったより早くその答えを求められることになるのです。

みなさんは高校に入学すると「文理分け」や「文理選択」という言葉を聞くことになります。これは、高校でのこれからの学びを、文系向け、理系向けどちらにするかを決めることです。

多くの高校では、1年生の後半、つまり秋になると文理選択作業が始まり、年明けに決定、2年生からは文系コース（クラス）、理系コース（クラス）に分かれ、目標を同じくする生徒とともに文系向け、あるいは理系向けの教科（科目）を中心に勉強することになります。

この時点で文系、理系を選択することは、進もうとする大学の入試科目や、大学入学後に学ぶ分野にもかかわっています。

さらに、その先の職業選択にもつながっていきますから、考えようによっては、自らの人生を左右する重大な選択だともいえるのです。

以前より早まっている 文系、理系の決定作業

なお、十数年前に比べると文理選択を考える時期が早まってきたのも事実です。多くの高校では1年生の夏休み前に、前段階として「文理選択調査」が実施され、夏休みには大学のオープンキャンパスに行くことが奨励されます。

2大学以上に触れることを求め、レポートを提出させている高校もあります。

高校1年生の秋には大学進学先の検討を始め、1月には文系・理系を決定するスケジュールとなっています。

ですから、高校に進めば半年を待たずに否が応でも、文系・理系の進路を考え、大学進学先の方向性を定めねばならないのです。それならば、高校選びの段階から大学に進んでなにを修め、どんな仕事に就きたいのかまでを思い描いておいた方が、あなたの将来が「充実する」方向を向くのではないでしょうか。

高校には「理系に強い」ことをうたっている学校もあれば、文系学部に多くの卒業生を送り出している学校もあります。

このあと、大学入試にかかわるここ数年

文理選択は人生を左右する重要なポイント！

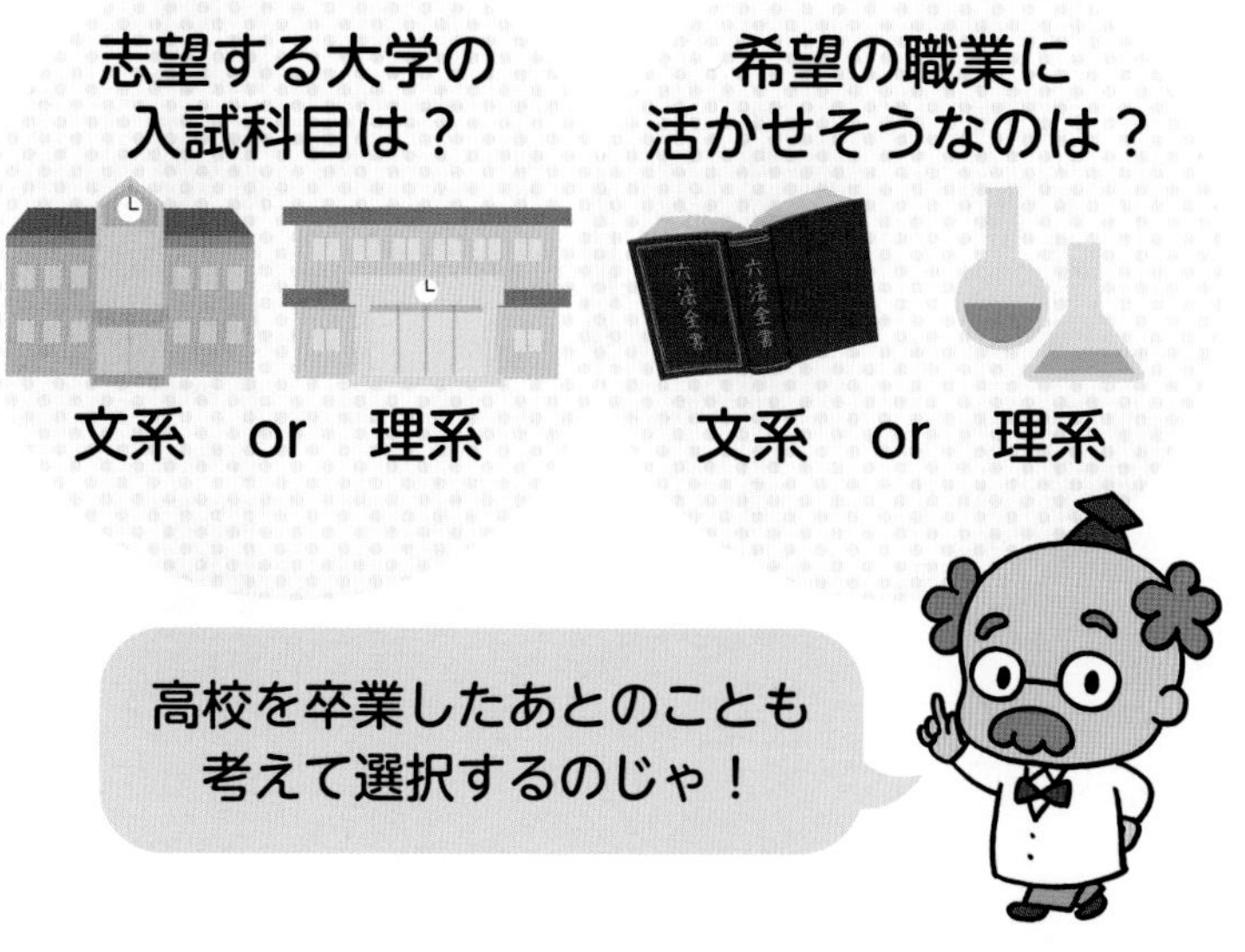
志望する大学の入試科目は？
文系 or 理系
希望の職業に活かせそうなのは？
文系 or 理系
高校を卒業したあとのことも考えて選択するのじゃ！

の変化を述べますが、安易な文理選択や大学選びは「のちの後悔」を生むことにもつながる可能性があります。というのも、大学の学部は、文・理の割合がここ数年で大きく変わるからです。

そのほかの例をあげるなら、例えば、近年急増している海外大学への進学志望です。この場合は、ただ英語教育に注力しているだけでなく、留学制度に加え、海外大学受験をあと押しする体制が整っている高校を選ぶべきでしょう。

注目したい大学入試の変化 共通テスト離れも起きている

ここからは大学入試における最近の変化をお伝えします。

30年続いた大学入試センター試験に代わって実施されるようになったのが、「大学入学共通テスト（以下、共通テスト）」です。２０２１年度より導入された共通テストでは「知識を活用しながら思考力や判断力を発揮して解く問題」が多くなりました。様々な資料を読み込み、考えねばならない問題が主流で、思考力・判断力・表現力が問われるのです。

共通テストを受験するのはおもに国公立大学の一般選抜受験者と、私立大学の共通テスト利用方式の入試を受ける受験者です。志願者は毎年50万人を超えていましたが、２０２４年度入試で49万２０００人弱となり32年ぶりに50万人を切りました。

共通テストは新課程用に再編

その要因は３つあったといわれています。１つは18歳人口がここ数年で最大の減少幅となった影響です。

２つ目はいわゆる「共テ離れ」です。共通テストの特徴である思考力が問われる問題への不安、また、来年1月の２０２５年度入試から新課程をふまえての出題になることで、「浪人はできない」との思いからの安全策が、共通テストまでも避ける傾向に拍車をかけたのです。

新課程入試では、今回までの６教科30科目の出題から7教科21科目に再編されることになります。

「情報」という教科が加わり、国語では思考力を問う問題が増やされ、そのため試験時間が10分間長くなります。

いま中学生のみなさんが受けることになる共通テストは、この改められた新課程入試になります。

2025年度から 共通テストが再編

今まで 6教科 30科目

↓

新課程入試 7教科 21科目

「情報」という教科が加わり
思考力を問う問題が増える

悩み解決！
高校を選ぶ❶

大学進学を視野に入れて

理系学生増え文系学生は減る

学校推薦型と総合型選抜の募集定員が増えている

ところで、共通テストを避けた大学受験生はどこに行ったのでしょうか。

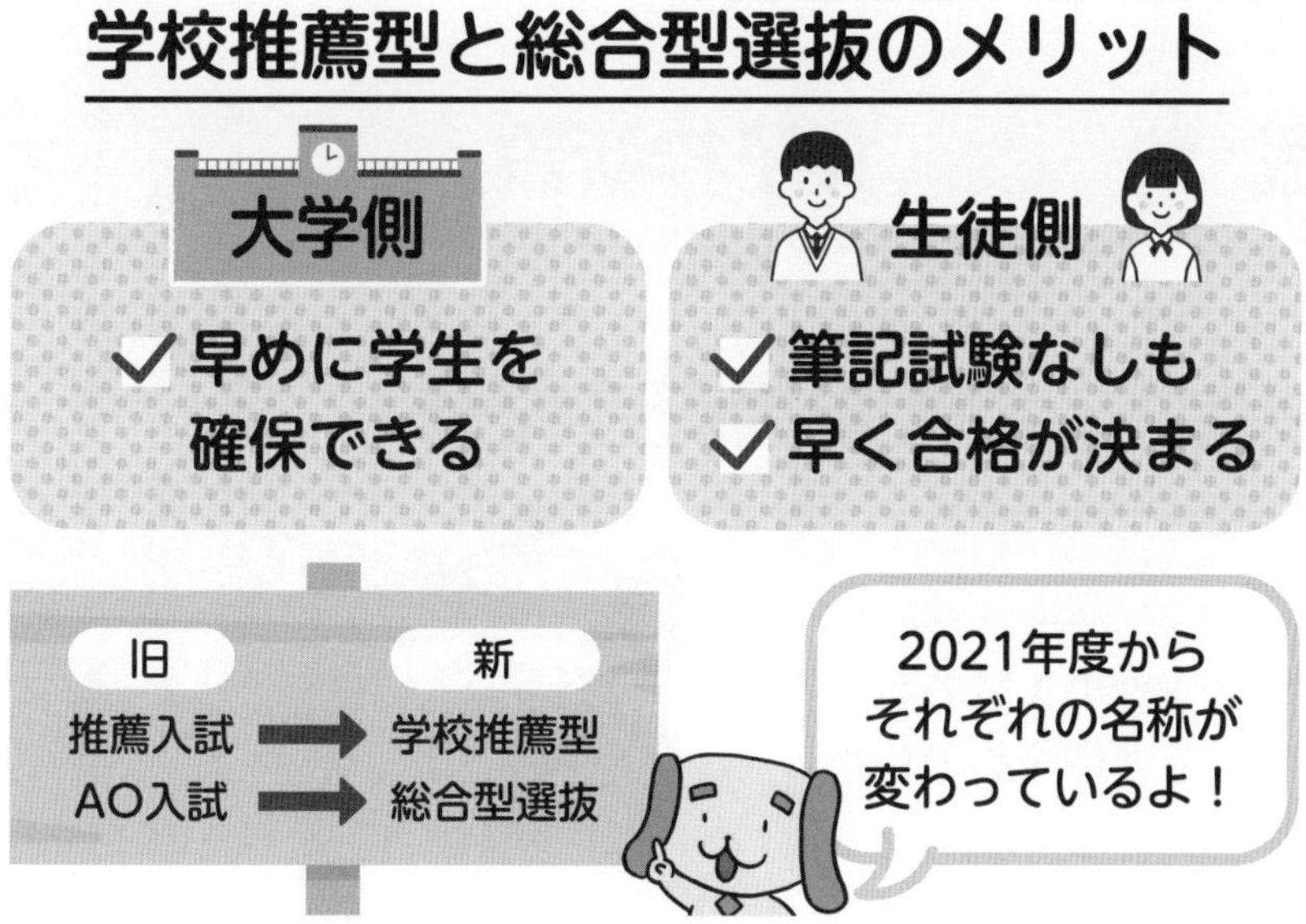

彼らの多くは、共通テストより前に受けられる「年内入試」に流れていったのです。これが、共通テスト志願者減少の３つ目の理由です。

共通テスト採用年と同じ２０２１年度の大学入試から、大学への推薦入試とＡＯ入試は、それぞれ、学校推薦型選抜、総合型選抜という名称に変わりました。

改められた２つの入試では、小論文などで「知識・技能」に加え、「思考力・表現力・判断力」などを問うことが求められるようになりました。

一般入試よりも「難しい筆記試験はなし」「早く合格が決まる」ことから人気があります。大学側も早めに学生を確保できるメリットがあり、その拡大に積極的です。高校３年生の11～12月までに入試を終える大学が多く、合否も早めに伝えられることから「年内入試」と呼ばれるようになりました。なお、国公立大学の学校推薦型選抜のなかには、共通テストを課している大学もあります。

いまでは私立大学の両入試での募集定員の60％程度、国公立大学でも20％以上（２０２３年度入試で22・7％）となり、東京大学でも学校推薦型で毎年１００人を合格させるようになりました（関連記事54ページ）。

国の意向を反映して理系学部の学生が増やされる

大学入試の変化で、次に注目したいのは理系学部の募集定員増大です。

政府の教育未来創造会議は２０２２年５月の提言として、現在約35％の理系学生の割合を50％程度にまで増やす目標を示しました。

いま、この提言を受けた様々な動きが大学の施策のなかでめだつようになりました。

注意しておかなければならないのは、文系、理系を合わせた国内の全学生数は変わらないということです。ということは、理系の学生が増える分だけ、文系の学生が減るということなのです。

いまから文理選択に臨むみなさんにお話ししておきたいこと。それは安易な文系選択は、今後厳しい入試状況になりかねないということです。

前述した高校での文理選択の際に、文系

の選択をする生徒の理由は「数学や理科が苦手だから」が多いのです（スタディプラストレンド研究所調べ）。

だからといって数学・理科を避けてはいられない事情が大学入試ではいま、出てきています。前述した文系学部の募集人数が減ることによる競争激化のなかで、以下の

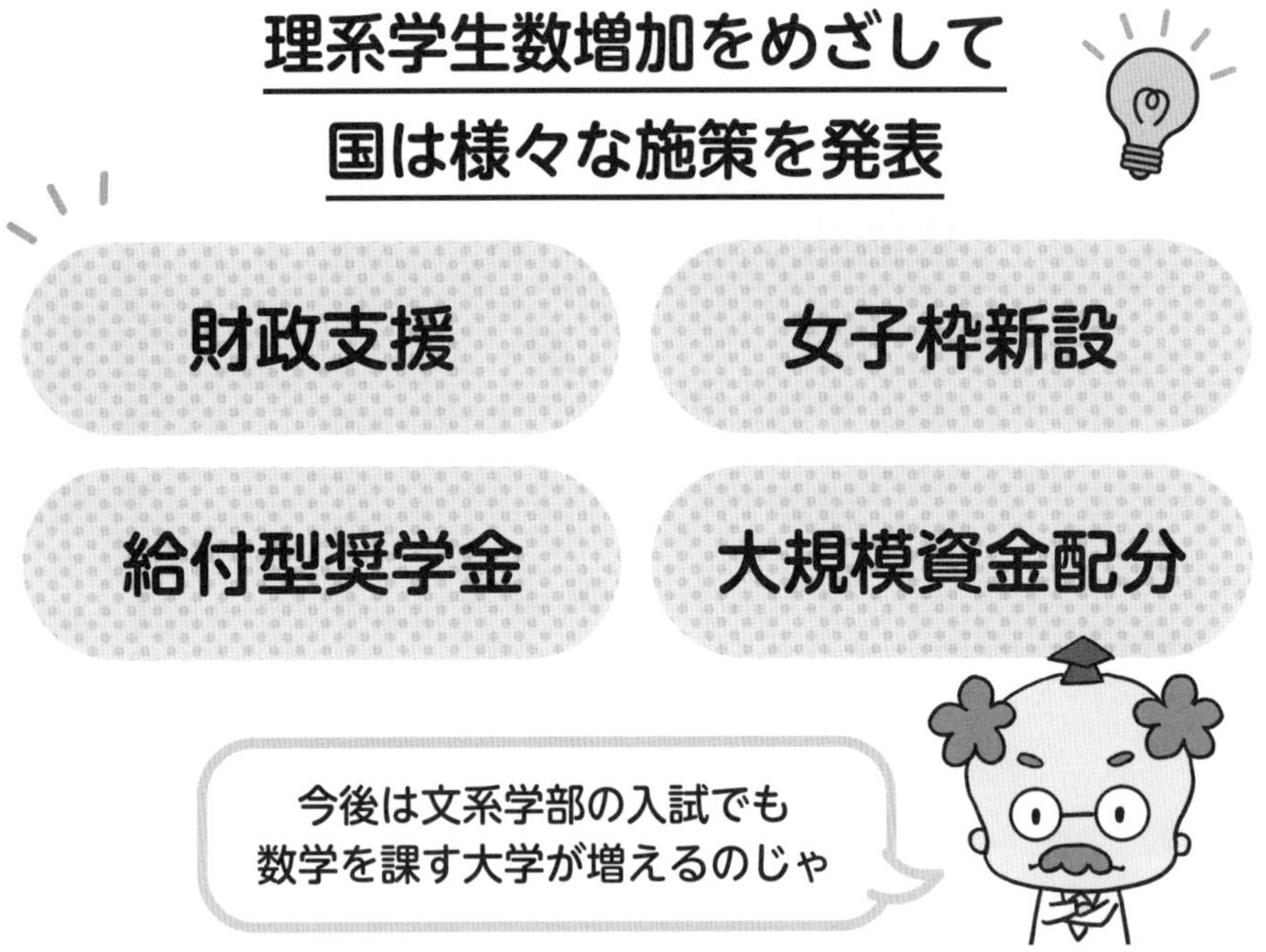

理系学生数増加をめざして
国は様々な施策を発表
財政支援
女子枠新設
給付型奨学金
大規模資金配分
今後は文系学部の入試でも
数学を課す大学が増えるのじゃ

「数学が苦手だから文系」は疑問

ように、その苦手科目がクローズアップされることとなっているのです。

これは、私立大学文系で数学必須入試が増えていることをさします。

文系学部の入試であっても「数学必須」が増えている

例えば、早稲田大学の政治経済学部が一般選抜で数学Ⅰと数学Aを必須化して話題になりましたが、上智大学でも経済学部経済学科の一般選抜で数学が必須となっています。

慶應義塾大学では、経済学部と商学部で「数学を必須とするA方式」が、「数学を必須とはしていないB方式」より、経済学部で2倍、商学部で4倍の募集定員となっています。

今後も、とくに経済学部や、新設ラッシュの情報学部の入試で数学を課す大学が増えていくものと思われます。

中学生のみなさんがこれから迎える「文理選択」の作業では、「文系だからといって数学、理科は無視できない」ことと、このあとに述べる「国が理系重視に移行」の2点を忘れてはなりません。

その背景には、現在、日本の理系学生数は他国に比べると、かなり少ない数にとどまっていることがあげられます。

これからの日本では、高度デジタルや脱炭素の成長分野をめざせる人材の不足、IT・AI活用人材の不足などが懸念されることから、国は矢継ぎ早に、「大学の理系学部新設・再編への財政支援」「大学に理系女子枠新設」「中間所得世帯の理系学生への給付型奨学金」「国際卓越研究大学の認定と大規模資金配分」などの施策を発表しています。

理工系学部の入試で「女子枠」新設の動き〝急〟

前項の2番目にあげた「大学に理系女子枠新設」がこの春、熱い動きを示しました。

国の積極的な姿勢を受けて、国内各大学の理工系学部で入試に女子枠を設ける動き

大学進学を視野に入れて

が広がり、とくに２０２４年度大学入試が、そのスタートとなったことから注目されています。

日本の大学における女性の理工系学生の比率はＯＥＣＤ（経済協力開発機構）加盟国で最低水準ともいわれていますが、国には、女子学生増に力を入れることによって理系学生全体を増やしていく起爆剤にしたいとの狙いがあり、各大学の理工系学部に女子枠導入を促してきました。

この結果、理工系学部を持つ大学のうち、女子枠を２０２４年度入試から導入した大学が16校に上りました。

理工系学部の「女子枠」はこれからも増えていく

そのうちの1つ、東京工業大学も今春の入試で初めて「女子枠」を設けましたが、総合型選抜と学校推薦型選抜で新設した女子枠で計56人が合格したことを明らかにしており、来春は募集数をもっと増やす、としています。

国立大学でも京都大学が２０２６年度入試から、理学部と工学部で合わせて39人の女子枠を設けることを明らかにしています。

これらの動きからは、これまで「男所帯」のイメージが強かった各大学理工系学部の研究環境変革につながることも期待されます。「女子枠」の制度がいつまで続くかはわかりませんが、いま中学生女子のみなさんの大学受験時には、この制度は存続していると思います。これをチャンスととらえるかはあなた次第です。

このほか、各大学の医学部にもＡＩ活用力を重視したカリキュラムを２０２４年度から組むことを促すなど、国の理系人材育成の本気度は、これまでにない熱を感じさせます。

みなさんの「高校選び」は、数年後に訪れる大学入試、またそれに続く職業選択に深くつながっています。

「高校選び」は、その第1ページだととらえて、安易な文理選択に走ることなく、自ら見定めた本当に好きな道に向けて、ぜひよいスタートを切ってください。

文理選択は慎重によく考えて

今後は「女子枠」新設の動きにも注目！

大学入試、職業選択にもつながる「高校選び」は慎重に考えるのじゃ！

東京工業大学

新設した女子枠で計56人が合格。来春は募集数を増やす予定。

京都大学（理・工）

2026年度から新たに39人の女子枠を設ける予定。

受験生のための
明日へのトビラ

この「明日へのトビラ」のコーナーは、受験生と保護者のみなさんに向けて大切な入試情報をお伝えしていくページです。高校入試はシステムや内容の変更が多く行われるので、その情報に注意が必要です。今号では来年度の千葉県、埼玉県公立高校入試日程の発表と、東京都の英語スピーキングテストの話題をお届けします。

千葉 2025年度公立高校入試日程発表 年々早まっている学力検査日

千葉県教育委員会は、来春行われる「2025年度公立高校入試日程」をすでに発表している。現在中3になったばかりのみなさんが受検する入試で、学力検査は2025年2月18日（火）、19日（水）両日の実施を予定している。

ところで、学力検査は2024年2月の入試日程では、20日と21日に行われた。

さかのぼって入試機会1本化の初年度（2021年2月）は24日、25日だったので年々日程が早まっていることになる。

2020年度まで千葉県の公立高校入試は、前期と後期があり、2月下旬から3月上旬までと受検期間が長かった。1本化にあたり県教育委員会は「2月下旬」とうたっていたが、いまでは「2月中旬」近くへと移ってきている。

2025年度入試、その他の日程は以下の通り。

■入学願書提出期間
2025年2月4日（火）、5日（水）、6日（木）

■志願先変更受付期間
2025年2月12日（水）、13日（木）

■学力検査
2025年2月18日（火）、19日（水）

■追検査受付期間
2025年2月21日（金）、25日（火）

■追検査
2025年2月27日（木）

■合格発表
2025年3月4日（火）

※追検査は、学力検査日当日に感染症罹患等のやむを得ない理由により、本検査を全部または一部受検することができなかった者を対象に実施する。

東京 中学校英語スピーキングテスト 中1生版、中2生版もスタート

東京都教育委員会は、2022年度に中3生を対象に初実施し、2023年度の都立高校入試からは英語の入試結果に加点する形で活用を始めている「中学校英語スピーキングテスト（ESAT–J）」について、このほど中1生を対象とした「ESAT–J YEAR1」、中2生を対象とした「ESAT–J YEAR2」もスタートさせた。

中1生の「ESAT–J YEAR1」、中2生の「ESAT–J YEAR2」は、各中学校、各学年の学習状況に合わせ、毎年度終わりの1月から3月までの期間に、原則として生徒が在籍する中学校で実施。

実施日は各校で調整し、期間内の3カ月の間に実施することになっており、このほど第1回（2023年度分）を終えた。

中1生、中2生向けの同テストは、授業で学んだ英語で話す力を測って今後の学習に活かしてもらうのが目的。中3生向けとは異なり、その結果は都立高校入試に活用されることはない。

テストの内容は、英文の音読やイラストの説明などの大問4問に対し、生徒がマイクつきヘッドホンを装着し、タブレット端末に表示される問題を見ながら解答をマイクに吹き込む方式。テスト時間は中1が9分、中2が12分で進められた。

運営や採点は、今回からイギリスの国際文化交流機関「ブリティッシュ・カウンシル」が担うため、機材も改められることとなり、昨年中3のテストでは、一部でイヤホンが外れるなどのトラブルもあったことから、ヘッドホン型の機材が新たに導入された。

機材に慣れることで、中3生での本テストに備える意味もある。なお、今年度の中3生が受けるスピーキングテストは11月24日（日）、予備日12月15日（日）に実施される予定だ。

埼玉　2025年度公立高校入試日程は次の通り　ただし出願期間と志願先変更期間は未発表

埼玉県教育委員会は、来春に行われる現在の中3生が受検する「2025年度公立高校入試日程」を次のように公表している。

■学力検査

2025年2月26日（水）

■実技検査（芸術系学科等）、面接（一部の学校）

2025年2月27日（木）

■追検査

2025年3月3日（月）

■合格発表

2025年3月6日（木）

※例年なら、すでに公表されている出願期間と志願先変更期間は、「出願方法について検討中のため」4月当初に発表されることになっていたが、本誌原稿締め切りの4月18日までには発表されなかった。憶測は禁物だが、出願方法についてなんらかの変更が行われることもありそうなので注意が必要だ。

埼玉　2026年度では部活動の評価ほぼなくなり　全国で唯一だった部活動の得点化は後退

埼玉県内の公立高校入試ではこれまで、ほぼすべての高校が、学力検査（入試当日の筆記試験結果）と調査書（内申書）の合計点で合否を決めている。

調査書では、「学習の記録」（通知表の成績）と「特別活動等の記録」の2つが記載されているが、後者のなかに部活動の実績が含まれ、各高校が点数化し選抜基準として公表してきた。 一方、文部科学省は2022年末、全国都道府県教育委員会からの、調査書の扱いについての報告を公表した。

12県で、一部の公立高校が中学校での部活動の実績を点数化し加算していたことがわかったが、県内公立高校のすべての入試で、選抜基準に部活動の実績評価を加算しているのは「埼玉県のみ」だということが表面化した。

以前から「教科外であるはずの部活動を評価することは疑問」、「学校の規模や部活動数、部員数、指導教員の専門性によって不公平が生ずるのでは」などの意見もあり見直しを進めていた。

埼玉県公立高校の入試改善は2027年度に予定されているが、これに先立ち、部活動評価については、現中2生が受検する2026年度入試から改定されることになった。発表によると、これまで学級活動、生徒会活動、学校行事とともに部活動も点数化されていた「特別活動等の記録の得点」から、部活動ははずれ「その他の項目の得点」に移動することになった。この「得点」の基準は各校で決めるものだが、合否への影響はきわめて小さいものとなる。詳しくは5月以降に公表される。

2024年度
首都圏公立高校入試結果

首都圏の2024年度公立高校入試では、中3人口が減少した神奈川や埼玉だけでなく、増加した東京や千葉でも募集人員を削減しています。東京の男女別定員の撤廃なども大きな話題となりました。

このページでは、１都３県の教育委員会が発表した資料に基づいて、2024年度の公立高校入試結果をまとめました。

最終応募倍率は１・35倍を維持

東京
都立

２０２４年度の東京都立高校一般入試は、全日制普通科の男女別定員が撤廃され、男女合同定員による入試が実施されました。

通信制高校への進学者増加などに対応するため募集人員が削減されましたが、応募人員は微減にとどまり、実質倍率は昨年と同じ１・35倍を維持しました。

一方、推薦入試の応募人員は２年ぶりに増加に転じ、平均応募倍率は２・47倍から２・48倍に微増しています。なお、東京都教育委員会（以下、都教委）より各校の男女別の合格者数は、現時点（４月１日）で公表されていませんので、本誌においては男女を問わずに集計された資料に基づいて記載しています。

一般入試

男女を問わず集計された平均実倍率は変わらず

２０２４年度の都立高校一般入試では、３万３４３人の募集に対し、４万２０１７人が応募しました。応募者は昨年より２２１人減少しましたが、通信制高校への進学者増加に対応するため募集人員が４８２人削減となり、結果として平均応募倍率は昨年の１・37倍から１・38倍へとわずかに上昇しています。

受検者数は３万９０５４人で、２万８９９６人が合格（追加合格２人含む）。平均実倍率は昨年と同じ１・35倍でした。

男女合同定員による各校の男女別の入試結果をさっそくみていきたいところですが、原稿制作時点（４月１日）で男女別合格者の詳細はまだ公表されていません。そのため今回は、都教委により男女問わずに集計された資料に基づいて、単位制も含めた普通科全体の男女合計の最終応募者数と最終応募倍率についてみていきたいと思います。

最終応募者数トップは新宿 今年も人気の固定化が続く

まず、最終応募者数をみていきましょう。最も多かったのは単位制の新宿で、昨年より49人増えて６８６人。２位は豊島の５７４人、３位は城東の５４２人と続きます。新宿は以前から男女合同定員での入試が行われていました。昨年までは女子の応募者が多かったようですが、今年の人気も女子にけん引されたものなのでしょうか。

次に、進学指導重点校７校のみでみてみると、トップは戸山で昨年から９人増えて４９９人、２位は日比谷で昨年から１２２人減って４５９

応募者数、倍率ともトップの新宿

2024年度一般入試 全日制普通科の最終応募者上位5校

1位	新宿	686人
2位	豊島	574人
2位	城東	542人
4位	戸山	499人
5位	上野	491人

2024年度一般入試 全日制普通科の最終応募倍率上位5校

1位	新宿	2.42倍
2位	豊島	2.27倍
3位	広尾	2.16倍
4位	青山	2.07倍
5位	芦花	2.07倍

2024年度一般入試 進学指導重点校の最終応募者数

1位	戸山	499人
2位	日比谷	459人
3位	青山	458人
4位	西	428人
5位	国立	393人
6位	八王子東	342人
7位	立川	318人

※立川は一般のみ

2024年度一般入試 進学指導重点校の最終応募倍率

1位	青山	2.07倍
2位	戸山	1.98倍
3位	日比谷	1.81倍
4位	西	1.70倍
5位	国立	1.56倍
6位	立川	1.45倍
7位	八王子東	1.36倍

2024年度推薦入試 全日制普通科の応募倍率上位5校

1位	新宿	7.66倍
2位	三田	5.31倍
2位	青山	3.79倍
4位	竹台	3.67倍
5位	竹早	3.62倍

人、3位は青山で12人増えて458人、4位は西で35人減って428人です。進学指導重点校のなかで、今年度入試から集団討論を復活させた日比谷と西がそれぞれ応募者数を減らしている点も注目です。

応募倍率も新宿がトップ 日比谷と西は緩和

最終応募倍率は、応募者数に続き単位制の新宿が1位で、昨年の2・24倍から2・42倍に上昇しました。2位の豊島は2・00倍から2・27倍、3位は広尾の2・16倍と続きます。

次に進学指導重点校だけでみていくと、1位は青山で2・01倍から2・07倍、2位の戸山は1・94倍から1・98倍と上昇していますが、昨年、男女合計の最終応募者倍率が2・29倍で1位だった日比谷は1・81倍と大きく倍率を下げています。

この日比谷の状況について、最終応募者数もそうですが、今回の男女合同定員への移行や集団討論復活の影響があったのかどうか、今後の検証結果を待ちたいと思います。

推薦入試

応募者は3年ぶりの増加 応募倍率はわずかながら上昇

2024年度の都立高校推薦入試は、9464人の募集人員に対して、2万3480人が応募。昨年まで2年連続で応募者が減っており、男女合同定員への移行が影響したのかどうかは不明ですが、3年ぶりに増加に転じています。結果、平均応募倍率は2・48倍となり、昨年、過去最低を記録した2・47倍からわずかに上昇しています。また、合格者数は9281人で、実受検倍率は、昨年と変わらず2・47倍です。

一般推薦での応募倍率は 1位は新宿、2位は三田

文化・スポーツ特別推薦を除いた一般推薦の応募倍率1位は、新宿の7・66倍、2位は三田で5・31倍、3位は青山の3・79倍と、各校とも募集人員が少ないため高倍率になっています。元々女子に人気の高かった三田は、募集人員を7名減らしたにもかかわらず昨年の2・95倍から5・31倍へ、従来から男女合同定員の新宿は、募集人員の変更はなく、倍率は5・91倍から7・66倍へと急上昇しており、この2校は少なからず影響があったものと思われます。

進学指導重点校では、昨年は青山、戸山、西が女子の応募倍率上位10校にランクインしていましたが、今年の男女合計の結果をみると青山は3位、戸山は7位で、西はランク外となっています。なお昨年は、男子で応募倍率上位10校に入った進学指導重点校はありませんでした。

横浜翠嵐が今年もトップ維持

神奈川 県立 市立

２０２４年度の神奈川県公立高校入試は、中３人口の減少や通信制高校への入学者の増加に伴い、募集人員は昨年より９８３人削減され３万９９４７人となりましたが、応募者数は７５２人減の４万７３３０人でした。

受検者数は４万６８７７人で３万８５１６人が合格。平均応募倍率は１・18倍となり、昨年よりわずかに上昇しました。平均実倍率も０・01ポイント上昇の１・22倍でした。

応募者数は10年連続で横浜翠嵐がトップ

普通科の応募者数上位10校をみると、昨年より62人増の横浜翠嵐が今年も1位で、10年連続でトップを維持しています。2位は昨年と同じ湘南、3位には昨年8位の七里ガ浜が入っています。

学力向上進学重点校でランク入りしているのはトップ2校に加え1年ぶりに顔をみせた厚木を加えた3校、進学重点校エントリー校では希望ケ丘と鎌倉の2校でした。前年ランク入りしていた多摩はランク外となり、横浜北地区の元石川が新たに加わりました。横浜北地区と鎌倉地区は今年も受検生の多さが鮮明な地域になっています。なお、応募先変更は昨年より少し減り、３６９８人でした。引き続き人気の二極化傾向が続いているようです。

平均実倍率は1・22倍に横浜翠嵐の倍率が上昇

普通科の応募倍率上位10校は表の通りです。そのなかに学力向上進学重点校とエントリー校は横浜翠嵐、湘南、多摩、横浜緑ケ丘、鎌倉の5校です。トップの横浜翠嵐は、昨年は1・98倍と3年ぶりに2倍を切りましたが、今年は2・14倍となり例年の倍率に戻っています。2位には湘南が入り、昨年2位だった神奈川総合は、隔年現象の影響か、10位にランクを下げています。

今年の特徴としては、横浜南陵、市立高津、横浜清陵といった中堅校が新たに入っている点で、昨年に続き人気の固定化が緩んできています。

横浜南陵と横浜清陵はともに募集人員を約1クラス分（39人）減らした影響とみられ、また横浜清陵は競合する他校の影響を受けたものと思われます。また、昨年臨時増員した学力向上進学重点校のエントリー校の鎌倉は、今年は従来の定員に戻しており、川和は1・20倍から1・25倍、鎌倉は1・25倍から1・52倍に倍率が上昇しています。

普通科以外では、市立横浜サイエンスフロンティア（理数科）が1・67倍、神奈川総合（舞台芸術科）は1・50倍、横浜国際・国際科国際バカロレアコース1・45倍などが高倍率でした。

中堅校が人気を得て上位に

2024年度普通科応募者数上位10校

1位	横浜翠嵐	770人
2位	湘南	586人
3位	七里ガ浜	520人
4位	元石川	508人
5位	厚木	506人
6位	大船	494人
7位	海老名	489人
8位	市ヶ尾	486人
9位	希望ケ丘	485人
10位	荏田・鎌倉	484人

2024年度普通科応募倍率上位10校

1位	横浜翠嵐	2.14倍
2位	湘南	1.63倍
2位	多摩	1.63倍
4位	横浜南陵	1.59倍
4位	横浜緑ケ丘	1.59倍
6位	市立高津	1.58倍
7位	市立南	1.55倍
8位	鎌倉	1.52倍
9位	横浜清陵	1.50倍
10位	神奈川総合	1.48倍

上位校では特色検査の自己表現検査が必須

神奈川では、提示された文章や資料を読み取り、問題を解決する思考力・判断力・表現力および創造力などを把握するために、学力向上進学重点校およびエントリー校を中心に、特色検査の自己表現検査が実施されています。

２０２４年度入試では、学力向上進学重点校とエントリー校18校は共通問題と共通選択問題を実施。横浜国際・国際科国際バカロレアコースでは、自分の考えを英語で記述する問題も出題されています。

また、市立横浜サイエンスフロンティアは学校独自の問題を採用しています。

応募者数トップの横浜翠嵐

千葉 県立 市立

入試制度変更４年目 ３年ぶりの応募者減

２０２４年度入試では、中３人口は微増しましたが、募集人員は削減しています。

昨年まで2年連続で応募者数が増加していましたが、今年は減少に転じています。公立高校の人気二極化、私立高校や通信制高校の人気による公立離れは千葉でも同じ傾向です。

平均応募倍率は１・12倍で昨年と変わらず

２０２４年度入試より学力検査で一部マークシート方式が導入されました。入試機会が一本化されてから4年目を迎えるにあたり、採点ミスの防止や採点時の負担軽減を目的に実施されました。

入試機会一本化からの平均応募倍率の推移をみると、１・08倍（２０21年度）→１・11倍（２０２２年度）→１・12倍（２０２３年度）と年々上昇しています。新制度4年目にあたる２０２４年度では、募集人員は昨年より２８０人減の３万６８０人、応募者数は３万４４７８人で昨年より３１５人減少しています。

平均応募倍率は１・12倍で昨年と同じです。

受検者数は３万４０８９人で、合格者数は２万８４２２人となり、平均実倍率は昨年と変わらず１・20倍で、今年も平均応募倍率を上回っています。

今年度も応募者数1位は幕張総合 普通科では6年連続県立船橋

まず応募者数ですが、1位は募集人員が最も多い幕張総合（総合学科）が今年も1位を堅持しています。昨年より38人減の１０３９人で、6年連続で１０００人を超えています。

2位の県立船橋は昨年より72人増の６４１人で、6年連続で普通科の１位を維持しています。

千葉県公立高校御三家と称されることもあるうちの県立千葉、東葛飾の2校には附属中学校があるのに対し、県立船橋は唯一の高校募集単独校のため、毎年数多くの応募者を集めて、今年も2位でした。3位は2年連続の柏南で、35人増やして５５１人でした。

一方で、昨年新たにランクインして注目された柏の葉は40人の募集人員削減もあり、１３０人ほどの応募者減となり、流山おおたかの森は昨年の人気が影響して敬遠されたか87人減となり、ともにランク外になっています。

応募倍率トップに県立船橋が躍進 2位に東葛飾、3位に市立松戸

次は応募倍率です。2024年度の普通科応募倍率ですが、昨年まで3年連続でトップを走っていた東葛飾と入れ替わって、県立船橋が2・00倍の大台に乗せトップに躍進しました。これにより普通科だけをみると、応募者数・応募倍率ともに県立船橋がトップに立ちました。応募倍率では千葉公立御三家といわれるうちの2校が、順位は入れ替わりましたが入試一本化後4年連続1位・2位となったわけです。

一方、2022年度には応募倍率3位だったもう1校の御三家、県立千葉はというと、「思考力を問う問題」を導入以降、倍率は緩和しており、2023年度は前年の1・69倍(3位)→1・58倍(6位)に、2024年度はさらに緩和し1・48倍でトップテン外になっています。思考力を問う問題に加え、二段階選抜を導入し、学力検査重視を強めているのが影響しているのでしょうか。

3位には市立松戸が1・63倍、同じく人気の市立千葉は1・52倍の9位でともに緩和しています。昨年の上位10校のうち6校が今年も名を連ねていますが、船橋芝山が大きく応募者を増やし、倍率でも5位に入っている点は注目です。

普通科以外では県立船橋・理数の2・18倍が最も高く、市立千葉・理数1・78倍、佐倉・理数1・70倍、小金・総合、柏・理数、柏の葉・理数がそれぞれ1・63倍、幕張総合・総合と流山おおたかの森・国際コミュニケーションがそれぞれ1・53倍と続きます。例年と同様、大学進学を視野に入れた理数や総合がめだっています。

2022年春まで千葉県の全体で欠員が増え続け，2次募集定員は全日制で2312人(60校97学科)でした。2023年以降は大幅な増加に歯止めがかかり、2次募集定員は2023年→2024年は2244人(56校89学科)→2259人(56校92学科)と2200人台で高止まりしている状況です。

2024年度全日制応募者数上位10校

1位	幕張総合(総合)	1039人
2位	県立船橋	641人
3位	柏南	551人
4位	小金(総合)	523人
5位	船橋東	508人
6位	船橋芝山	501人
7位	東葛飾	466人
8位	津田沼	463人
9位	鎌ヶ谷	459人
10位	市立松戸	457人

2024年度普通科応募倍率上位10校

1位	県立船橋	2.00倍
2位	東葛飾	1.94倍
3位	市立松戸	1.63倍
4位	船橋東	1.59倍
5位	船橋芝山	1.57倍
6位	佐倉	1.55倍
7位	成田国際	1.54倍
8位	柏南	1.53倍
9位	市立千葉	1.52倍
10位	薬園台	1.51倍

埼玉 県立 市立

募集人員、応募者ともに減少

2024年度の埼玉県公立高校入試では6校が募集を停止したため、全日制の募集人員は削減され、中学3年生の減少が重なったこともあり、応募者数も減少しました。応募倍率は昨年より0・01ポイント上昇し、今年度も理数科人気が続いています。

平均応募倍率わずかに上昇 難関校の人気高まる

2024年度入試では、公立中学校卒業予定者が約790人減少したのに伴い、全日制の募集人員は872人削減されています。これにより募集人員は3万5370人で、応募者は507人減の3万9414人、平均応募倍率は昨年より0・01ポイント上昇し1・12倍でした。

また、受検者数は602人減り3万9004人で、合格者数は3万3935人でした。ここ数年の平均実倍率の推移をみてみると、1・17倍

↓1・14倍↓1・13倍↓1・14倍↓1・14倍↓1・15倍（2024年度）となっています。

応募者数1位は伊奈学園総合人気の固定化が継続

応募者数上位10校では募集規模の大きい伊奈学園総合が今年も1位でした。同校は昨年まで3年連続の応募者増が続いていましたが、今年は38人減の849人となり4年ぶりの減少に転じています。

また、2位には昨年ランク外だった春日部が入り、昨年2位の最難関校の県立浦和は60人減の8位までランクを下げています。

2024年度普通科応募者数上位10校

1位	伊奈学園総合	849人
2位	春日部	537人
3位	川口北	528人
4位	県立川越	526人
5位	所沢	513人
6位	浦和西	512人
7位	川越南	496人
8位	県立浦和	495人
9位	浦和第一女子	490人
10位	不動岡	477人

川口市立は応募者、倍率とも減

昨年、川口市立の80名定員増が公表され話題になりましたが、これは附属中学校からの内部進学者も含めた数字のため、高校募集のみの募集人員は284人で昨年より4名のみの増加にとどまり、その反動もあってか応募者は184人の大幅減となりました。これまで人気上位の高校でしたので来年度の受検生の動向に注目です。

順位に多少の違いはあるものの、今年は上位10校のうち7校が前年に続いて名を連ねています。近隣他都県ではランキングに変化がみられますが、埼玉県は人気の固定化傾向が継続しているようです。

2024年度普通科応募倍率上位10校

1位	市立浦和	1.75倍
2位	春日部	1.50倍
2位	蕨	1.50倍
4位	市立川越	1.49倍
5位	県立川越	1.47倍
5位	川口北	1.47倍
7位	和光国際	1.46倍
8位	所沢	1.43倍
8位	浦和西	1.43倍
10位	越谷南	1.42倍

普通科倍率トップは市立浦和理数科では大宮

2024年度の普通科応募倍率1位は昨年に続き市立浦和ですが、昨年の高倍率の反動が出たのでしょうか、2・20倍から1・75倍に大きく倍率を下げています。2位は春日部、蕨と続きます。

また、昨年2位の川口市立は大きく応募者が減少した影響で今年はランク外、昨年3位の県立浦和もランク外です。応募者数とは異なり、上位10校のうち半数以上が昨年と入れ替わっており、難関校であっても前年の倍率に左右される入試になっています。

次に理数科のみでみてみると、大宮（理数）は、倍率をやや下げていますが、4年連続で1位の2・48倍でした。

2位には昨年4位の大宮北が1・98倍、3位は昨年2位の川口市立ですが、2・05倍から1・65倍に大きく下げています。川口市立は普通科同様に応募者が減っていますが、今年だけの一過性のものなのか、来年の動向をみてみたいところです。

あの学校の魅力伝えます
スクペディア No.116

光英VERITAS《こうえいヴェリタス》高等学校

千葉県　松戸市　共学校

所在地：千葉県松戸市秋山600　生徒数：男子175名、女子209名　TEL：047-392-8111　URL：https://www.veritas.ed.jp/
アクセス：北総線「北国分駅」「秋山駅」徒歩10分、JR常磐線・新京成線「松戸駅」、JR総武線「市川駅」、京成線「市川真間駅」バス

「答えを求める学び」から「問いを持つ学び」へ

２０２１年に校名変更、男女共学化を果たした光英ＶＥＲＩＴＡＳ高等学校（以下、光英ヴェリタス）。建学の精神である「和」を、「独自性を発揮し、協力し合うことで、共に成長する人間となる」と解釈し、人間教育を基盤として「人・社会・自然に貢献する自覚と実践力のある次世代リーダー」を育てる学校です。

学びを深める課題解決学習

光英ヴェリタスの教育の特徴は、全教科で課題解決のプロセスに取り組む「ヴェリタス・トルネード・ラーニング」にあります。テーマの設定、情報収集、分析を経て、課題発見から構想・解決策の策定へとつなげ、課題解決の内容をプレゼンテーション等で発表・表現し、最後にはプロセスの評価も行います。

探究方法については、全学年で週に1回行う「探究科」の授業で身につけることができます。高1ではＳＤＧｓをテーマとしたグループ研究を、高2・高3では個人研究に取り組みます。こうした探究的な学びをトルネードのように繰り返すことで、「答えを求める学び」でなく「問いを持つ学び」を習得し、変化の多いグローバル社会で自ら問いを立てて課題解決に貢献できる能力を育成します。

ヴェリタス・トルネード・ラーニングの軸となるのが「理数・サイエンス教育」「英語・グローバル教育」「小笠原流礼法教育」です。「理数・サイエンス教育」はタブレット端末など、ＩＣＴを効果的に用いながら答えまでの過程を論理的に考える力を養います。大学や企業との連携教育も用意しています。「英語・グローバル教育」はオンライン英会話や英語多読活動など、英語力と英語によるコミュニケーション能力の向上をめざします。高2ではイギリス修学旅行も経験します。「小笠原流礼法教育」は3年間通して実施し、他者と協働するときに必要となる、人を思いやる心を育みます。

カリキュラムは、高2から希望進路に沿ったコース別となります。コースは人文社会系・グローバル系をめざす「Global Language Artsコース」と、理工系・医歯薬系をめざす「Medical Scienceコース」の2コースです。工夫された教育内容のもと、次世代リーダーの成長を促す光英ヴェリタス。特色ある教育が注目を集めています。

あの学校の魅力伝えます
スクペディア　No.117

横浜翠陵高等学校《よこはますいりょう》

神奈川県　横浜市　共学校

所在地：神奈川県横浜市緑区三保町1　生徒数：男子265名、女子217名　TEL：045-921-0301　URL：https://www.suiryo.ed.jp/
アクセス：JR横浜線「十日市場駅」徒歩20分またはバス、東急田園都市線「青葉台駅」・相鉄線「三ツ境駅」バス

「Think & Challenge!」で未来を拓く

豊かな自然に囲まれた広大なキャンパスが特徴の横浜翠陵高等学校(以下、横浜翠陵)。「Think & Challenge!」をモットーに、主体的に学び、積極的に行動し、未知の世界でも自分らしく活躍できる「考えて行動のできる人」の育成をめざしています。

同校ではコース制が取り入れられており、生徒は目標に合わせて「特進コース」「国際コース」「文理コース」の3つから選択できます。

国公立大学・難関私立大学をめざす「特進コース」は、高1から国公立大学受験に対応した5教科8科目のカリキュラムを設定。週36時間の授業時間数を確保し、大学入学共通テストに向けて学力を磨きます。

「国際コース」は、国際関係学部を中心に難関私立大学進学を目標としたコースです。留学生や外部講師を迎えて世界の諸問題について学ぶ「特別ゼミ」や、高2で必修の「イギリスグローバル研修」、中国語またはスペイン語から選ぶ第二外国語(文系選択者対象)を通して、国際社会に貢献できる教養を培います。

「文理コース」では教科横断型の学びも取り入れながら、卒業後、どんな分野でも活躍できる人間になるための力を養います。希望選抜制の「カナダ英語研修」などのプログラムも用意されており、興味関心や希望進路に沿って学習を進められます。

「DUT理論」のもと主体的に学習していく

日々の授業においては、独自の学習法「DUT理論」を採用しています。学びのプロセスを「知りたい(Desire：興味喚起)」、「わかった(Understand：理解)」、「できた(Training：演習)」の3段階に分け、このサイクルを繰り返すことで、学習姿勢の定着、学力の向上を図ります。加えて生徒は、「チャレンジノート」に家庭での生活、学習記録を記入し、定期的に振り返ります。つまずきを見つけたときは、「D・U・Tのどこに原因があったか」に目を向けることで、主体的に計画を立て、管理していく習慣を身につけます。

そのほか、企業と連携した探究学習「翠陵クエスト」や、大学の研究室訪問・筑波研究学園都市の見学ツアーができる理系プロジェクトなど、生徒の知的好奇心を喚起する数々の取り組みを行う横浜翠陵。恵まれた環境のなか、生徒たちは「考える力」「挑戦する心」を育みながら、未来の可能性を広げています。

好評発売中

なぜかがわかる分数と濃度の話＋《プラス》

湘南工科大学特任教授　湯浅弘一 著

定 価 1,430円（税込）
四六判　並製 176ページ

困ってませんか？

中学で、算数が「数学」に変わったら、「なんか難しい」、「あれっ、わかんないや」っていう人いませんか。**じつは、小学生のあのとき、わかったつもりで次に進んだことに原因があるんです。**

とくに「分数」と「濃度」のところ、そのほかの単元でも「ちょっと不安だけど、まっいいか」って自分に言い聞かせて、きょうまで来ていませんか。

このままだと、君は「落ちこぼれ」になりかねない。ほんとは「置いてきぼり」にされてるだけなんだけどね。いまのうちに、苦手になってしまったあの部分、小学校のあの日を思い出して得意な部分にしてしまおう。

「数学？ 全然わからない」なんて言ってる、アナタへ

【著者まえがきより〜一部改】《わかると楽しいですよね？　でも、わかりにくいことってありますよね。だけどこの本はきっとわかります。なぜって？　**私が昔、数学が苦手だったからです。〝落ちこぼれ〟ってよく言われますけど、本当は〝置いてきぼり〟なだけなんです。**

どんな方でも〝振り返り〟は大事です。ここまで読んだアナタ！、振り返りの始まりです。さあ、始めましょう》

この本は２色印刷を採用、ふんだんに解説図を使用することで、視覚からもインプット、君の心にストンと落ちる工夫がなされています。

数学は、１つのことがわかると芋づる式につぎつぎとわかっていく楽しい学問です。

そしてそのとき、とてもスッキリとした爽快感を味わうことができます。そうなってしまえば、数学は受験生の友だちになり、志望校合格への大きな味方になってくれます。

【PR】

あなたらしく始める、あたらしいステップ。

中央大学杉並高等学校

〈共学校〉

2023年、文京区茗荷谷に法学部が移転し、さらなる注目を集める中央大学。その附属校の1つに中央大学杉並高等学校（以下、中杉）があります。すべての生徒が高校から入学し、例年その9割以上が中央大学へと進学する中杉。高校・大学7年間の伸びやかな環境のなかで、様々な教育実践が行われています。

模擬裁判選手権

そのうちの1つが模擬裁判選手権です。日本弁護士連合会が主催する、いわば「法廷甲子園」とでも呼ぶべき大会で、実際の裁判さながらに、各高校が弁護側、検察側に分かれ熱戦を戦わせていきます。

中杉は2017年以来、東京都の代表となり、毎年、優勝あるいは準優勝に輝く強豪校として知られています。その強さの秘密について、中杉チームを指導する小泉尚子教諭は、「本校は、他者と共に育ち共に創るという『共育と共創』を教育理念に掲げ、その理念通り、普段の授業でも様々な意見を戦わせるグループワークが盛んに行われています。他校の先生から、中杉は多様な視点から論理を構築しているので非常に攻めづらいと言われるのですが、それは普段の授業がそのまま生きているのだと思います」と話します。

右下のQRコードから模擬裁判選手権の動画を見ることができます。「法科の中央」といわれる中央大学の伝統が、「共育と共創」という実践の中でいきいきと息づいている様子を感じることができるでしょう。

アカデミックプロジェクト

中央大学には各学問分野で活躍する先生や学生が多く、高校生のうちから、専門的な学問に触れることができるのも中杉の大きな魅力です。

2年次に「アカデミックプロジェクト」を選択すると、「商学・経済学」「法学・政治学」「グローバル」「STEAM」「文化活動」などの枠組みの中で、生徒は多種多様なプロジェクトを立ち上げます。それに対し、大学の各学部の先生たちに専門家の立場からアドバイスをもらうのです。

例えば、「グローバル」内でフェアトレード商品を文化祭で販売するプロジェクトを立ち上げた生徒たちは、経済学部教授の力添えで「中央大学フェアトレード委員会（Fair Trade Chuo University Team）」という学生団体と勉強会を開催。さらに、フェアトレード商品の販売とその意義を来場者に知ってもらうという実際の活動に結び付けることで、自分たちの学びが社会への働きかけにつながることを実感していきます。また、「法学・政治学」内では、「校則」について調査・考察するプロジェクトも立ち上がりました。法学部教授から「校則」を考える際には「合理性がある／ない」という観点から検討することを教えていただき、「校則」に納得できない人が多い理由を言語化しました。

数ある大学附属校の中でもとりわけ人気の高い中杉ですが、このような魅力的な取り組みに人気の秘密がありそうです。

●Address
東京都杉並区今川2-7-1
●TEL
03-3390-3175
●Access
JR中央線・東京メトロ丸ノ内線「荻窪駅」西武バス8分、西武新宿線「上井草駅」徒歩12分

お役立ちアドバイス！

受験生へのアドバイス

国語の読解が苦手なのですが、もっと読書をした方がいいのだろうかと悩んでいる受験生へ。

受験のためではなく、まずは色々な本を読むこと自体を楽しむことから始めてみませんか。

Advice

確かに、国語の読解力をつけるために読書を心がけるのはいいことだと思います。先生方もすすめているでしょうし、実際にそのようにして読む力をつけた人は多くいると思います。ただ、「受験勉強のため」といった姿勢で読書をする場合、期待通りの効果を得られないことが多いように感じます。

もちろん、本を読まないよりも読む方がいいとは思いますが、義務的な読書は長続きしませんし、精神的にもつらくなりがちです。

そこで、少し肩の力を抜いて、「楽しむ読書」から始めてみてはどうですか。「読解力をつけよう」と意気込まず、まずは本に親しむことをめざしてみましょう。最初は自分の興味・関心のある分野の本でいいと思いますので、「おもしろそうだな」と感じる本を手に取ってみましょう。

不思議なもので、何冊か本を読んでいくうちに、読書が楽しくなってきます。自然と内容を理解する力もついてくるものです。スキ間時間などの短い時間でもいいので、まずは読書を楽しむことから始めてみてください。

知って得する

保護者へのアドバイス

学校見学をする際にどんな点に注意すればいいのだろうかと心配されている保護者の方へ。

設備面だけでなく、廊下などにある掲示物など、学校生活の様子がうかがえるものも確認しましょう。

Advice

志望校を決める際は、雑誌やSNSなどの情報のみを頼りにするのではなく、実際に学校を訪問してみましょう。学校説明会や学校見学会などに参加することで、その学校の様子を知ることができますし、体育祭や文化祭などの学校行事を見学できれば、生徒の様子を身近に感じることもできます。また、これらのイベントに参加することは、学校までの交通手段や時間などを確かめるいい機会になります。

学校を訪れた際は、お子さんが入学した場合を想定して見学しましょう。例えば、教室は1クラスの人数にあった広さかどうか、図書館ならば自習室として活用できるスペースがあるかなどです。さらに廊下の掲示物にはどんなものがあるか、それらをどのように活用しているかなど、疑問に思った点は案内係の先生にしっかりと聞いてみましょう。学校見学では、どうしても設備面に目が行きがちですが、その学校の醸し出す雰囲気が、我が子に合っているのだろうかと考えながら見学するのも楽しいものです。

目黒《めぐろ》日本《にほん》大学《だいがく》高等学校

東京　共学校

問題

下の図１は，１辺が12cmの正方形の折り紙ABCDです。辺BCの中点をEとして，頂点Aが点Eに重なるように折り曲げます。折り目と辺AB，DCとの交点をそれぞれH，Gとします。また，折り曲げたときに頂点Dが移動した点をFとします。

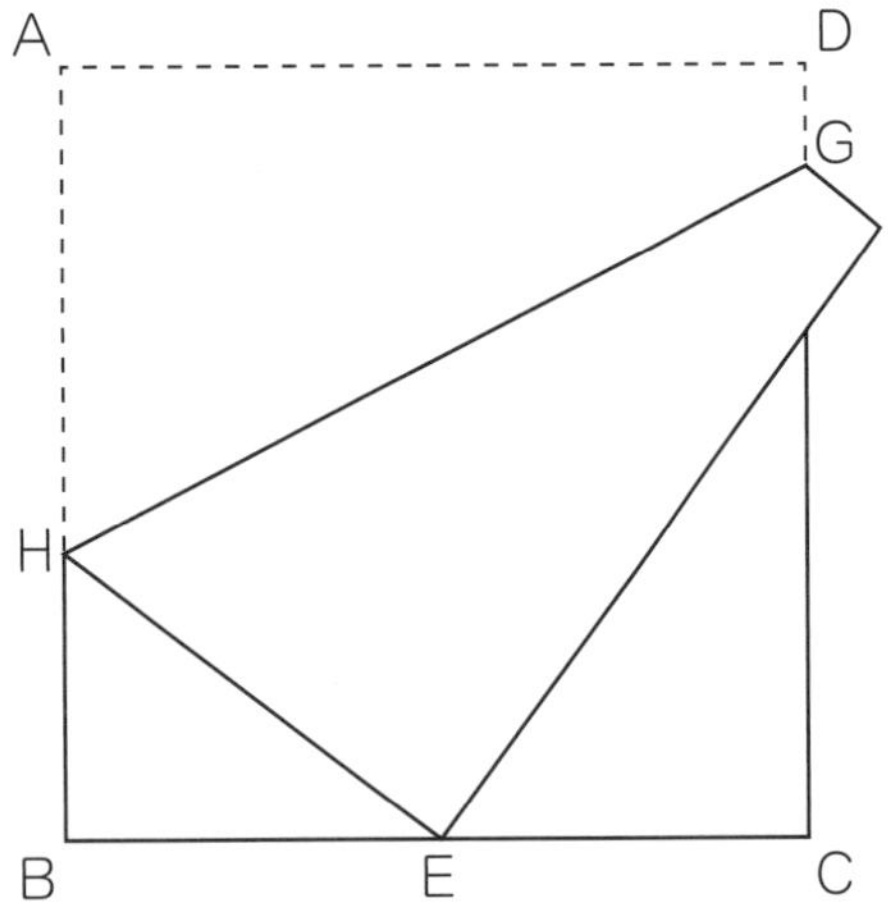

図１

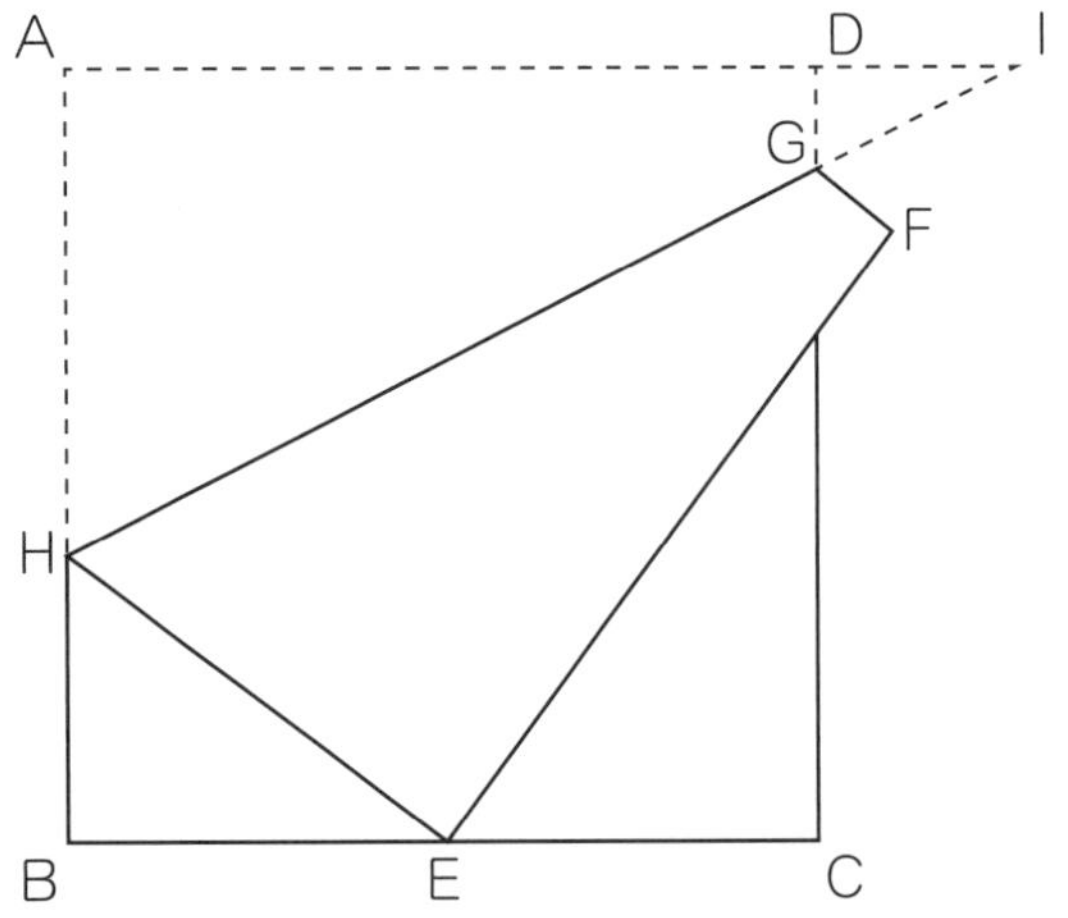

図２

（1）　AHの長さは $\frac{\boxed{ア}\boxed{イ}}{\boxed{ウ}}$ cmです。

（2）　図２の点Ｉは，直線HGと直線ADの交点です。このときAIの長さは $\boxed{エ}\boxed{オ}$ cmです。

（3）　折り目HGの長さは $\boxed{カ}\sqrt{\boxed{キ}}$ cmです。

解答　（1）ア…1、イ…5、ウ…2　（2）エ…1、オ…5　（3）カ…6、キ…5

●東京都目黒区目黒１-６-15
●03-3492-3388
●JR山手線ほか「目黒駅」徒歩５分
●https://www.meguro-nichidai.ed.jp/

【学校説明会】要予約
７月27日（土）　10:00～
８月24日（土）　10:00～
９月28日（土）　14:30～

二《に》松《しょう》学《がく》舎《しゃ》大《だい》学《がく》附《ふ》属《ぞく》柏《かしわ》高等学校

千葉　共学校

問題

次の漢文について、後の問いに答えなさい。

1　曾《そう》子《し》曰《い》ハク、1慎ミ終ヲ追ヘバ遠キヲ、2民ノ徳帰スト㆑厚キニ矣。

（『論語』による）

＊曾子……孔子の弟子の一人。

問一　――線部1を「終《をはり》を慎《つつし》み遠きを追へば、」と読むために訓点をつけたものとして、最も適当なものを一つ選びなさい。

①　慎ミ終ヲ㆑追ヘバ遠キヲ㆑、

②　慎ミ㆓終ヲ追ヘバ㆒遠キヲ、

③　慎ミ㆑終ヲ追ヘバ㆑遠キヲ、

④　慎ミ終ヲ㆓追ヘバ遠キヲ㆒、

問二　――線部2「民徳帰厚矣」の現代語訳として、最も適当なものを一つ選びなさい。

①　民衆の道徳心がもっと高まらなければならない。

②　民衆の気風も自然に誠実になっていくだろう。

③　すべての民衆を故郷に帰らせてあげたい。

④　民衆が力を合わせて困難を乗り越えるはずだ。

2　子曰ハク、朝《あした》ニ聞カバ㆑1道ヲ、2夕《ゆふべ》ニ死ストモ可ナリト矣。

（『論語』による）

問一　――線部1「道」の意味として、最も適当なものを一つ選びなさい。

①　人それぞれが心に秘めた信念。

②　人が踏み固めてできた道。

③　人の行うべき大切な真理。

④　社会で生きるための決まり。

問二　――線部2「夕死可矣」の現代語訳として、最も適当なものを一つ選びなさい。

①　その夜に死んでもかまわない。

②　その夜まで生きてもいい。

③　その夜に死ぬことだろう。

④　その夜に死ねるだろうか。

解答　1　問一 ③　問二 ②　2　問一 ③　問二 ①

●千葉県柏市大井2590
●04-7191-5242
●JR常磐線・東武野田線「柏駅」、東武野田線「新柏駅」、JR常磐線「我孫子駅」スクールバス
●https://www.nishogakusha-kashiwa.ed.jp/

【授業体験会】要予約
7月27日（土）9:30～
7月29日（月）9:30～

【学校説明会】要予約
8月24日（土）10:30～

帰国生が活躍する学校

佐賀県●共学校

早《わ》稲《せ》田《だ》佐《さ》賀《が》高等学校

早稲田大学の創始者である大隈重信が生まれた佐賀県に、7番目の附属・系属校として２０１０年に設立された早稲田佐賀高等学校。「グローバルリーダーの育成」を目標に掲げ、国内外でリーダーシップを発揮できる素養を育んでいます。卒業生の約半数が早稲田大学へ推薦され進学していますが、全国の難関国公立大学や私立大学の受験者も多い九州を代表する進学校としての側面もあります。今回は、覚前宏道教頭先生にお話を伺いました。

多様な価値観を唐津から世界に発信

本校には学校開校とともに附設寮「八太郎館」が開設され、全国から生徒が集まる学校となっています。

入学試験は本校以外に佐賀、福岡、北九州、熊本、鹿児島の九州5か所に加え、東京でも実施しています。

現在、首都圏からの入学者は40%に上り、帰国生も各学年に5名程度が在籍していて、文字通り多様性のある校風を形成しています。

また、一般入試の合格者の中にも海外に滞在していた経験のある生徒が数多く在籍しています。

帰国生は各クラスに偏らずに在籍するため、一般生と混合クラスとなります。

互いに刺激を受けて切磋琢磨することで、それぞれの能力をさらに向上させることにつながっています。

全校生徒の6割が共同生活を送る「八太郎館」

本校から徒歩約12分の立地に、大隈重信の幼名を冠した附設寮「八郎太館」があり、中高合わせた全校生徒の約6割にあたる６５０名以上が生活を共にしています。

中学1年生から高校1年生までは4人一部屋で過ごし、高校2年生から個室に移ります。多感な時期に仲間と送る充実した日々が「自主自律」を促し、自己を確立していきます。

入学したばかりの頃は、親元を離れて不安な生徒もいるかと思いますが、ホタルの鑑賞会や八太郎祭など寮生を対象としたイベントも多く、八郎太館での絆が生まれています。

また、近隣の地域の方との交流もあり、第二の故郷での生活にすぐに慣れる生徒が多いようです。

安全面では、夜間も2名のガードマンが警備し、セキュリティー強化に努めているほか、毎日専属の栄養士による食事が提供され、健康面においても十分に配慮しています。

もちろん、生徒の本分は「勉強」です。寮においても、一日3時間以上の学習時間が設定されています。

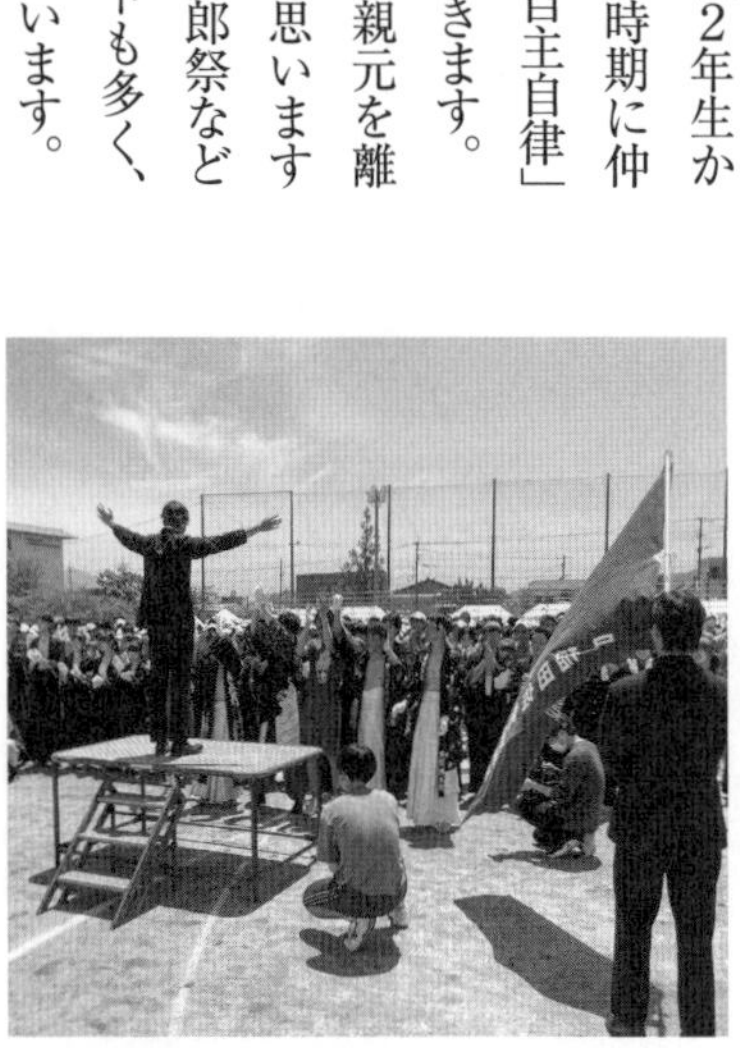

グラウンドで行われる体育祭

教頭 覚前 宏道(かくまえ ひろみち)先生

早稲田大学への推薦を含む幅広い進路

2024年3月の卒業生までは、高校入学定員240名のうち、最大50％程度が早稲田大学へ推薦されています。

高校2年生から文系・理系に分かれ、高校3年生では本格的に入試問題に対応した学習へシフトします。

今後も、自らの限界を決めずにチャレンジし続ける生徒が、それぞれ目指す進路に進めるように後押ししていきます。

一方で、本校には、医学部、歯学部、薬学部、農学部など、早稲田大学にはない学部学科を希望している生徒も多くいますので、難関国公立大学などへの合格にも対応できる指導を行っています。

早稲田大学への進学を希望する生徒は、全13学部の学部説明会を通じて各学部の特色を理解したうえで進学先を考えます。推薦候補となった生徒は、大学が実施する学校推薦型選抜に合格することで、早稲田大学へ進学することができます。

上位65％程度の成績があれば早稲田大学へ推薦で進学しています。

国公立大学や医学部への進学を希望する生徒もいるので成績上位50％の生徒が選ばれるわけではなく、例年、早稲田大学の学生、大学院生に来館してもらっているため、学習中に難題にぶつかったときには適切なアドバイスを受けることができます。

このように、安全面、健康面、学習面など寮スタッフが一人ひとりの生徒を優しく、時に厳しく見守っていますので、安心してお子様をお預けください。

各々が自分の課題を見つけ、主体的に計画を立てていく自己管理力を養うことを第一義としています。

生徒の学習時間に九州大学の学生、大学院生に来館してもらっているため、学習中に難題にぶつかったときには適切なアドバイスを受ける

進学しており、さらに、2025年以降は少しずつ推薦枠が拡大される予定です。推薦者はそれまでの成績を基本に総合的に判断します。難関国公立大学や医学部への進学を希望

受験生へのメッセージ

帰国生入試の学科試験は一般入試と同一です。学校サイトで過去の入試問題を公開しています。

2025年度入試からは1月に加えて12月にも帰国生入試を実施することになりました。また、数学の得点を1・2倍に換算して合否を判定しますので、より数学の力が重要になります。面接試験は日本語で質疑応答を行い、海外での体験を尋ねます。あくまでも参考程度ですので緊張せずに臨んでください。

帰国生には、海外滞在中のさまざまな活動を通じて、それぞれの地域の文化や多様な考え方を吸収してきてくれることを期待しています。

スクールインフォメーション

所在地：佐賀県唐津市東城内7-1
アクセス：JR唐津線・筑肥線「唐津駅」徒歩15分
　　　　　またはスクールバス5分
ＴＥＬ：0955-58-9000
ＵＲＬ：https://www.wasedasaga.jp/

2024年3月　おもな合格実績

早稲田大学（推薦）…106名／早稲田大学（一般）…5名／東京外国語大学…1名／九州大学…4名／佐賀大学…3名／長崎大学…2名／慶應義塾大学…2名／上智大学…4名／東京理科大学…3名／明治大学…3名／国・私立医学部医学科…9名

学校選びは情報収集から

受験校を選ぶ際に、正しい情報を入手することが重要であることは言うまでもありません。進学校か大学附属校か、大学合格実績はどうかといった一般的な観点に加え、帰国生の場合は英語の取り出し授業の有無や出願資格、入試における英語の出題レベルにも注目していく必要があります。

学校説明会や各校のホームページ、帰国生支援団体の学校資料集、学習塾主催のイベント等を活用し、信頼できる情報を集めていきましょう。

早稲田アカデミー国際部から

帰国生対象 学校説明会・個別相談会

帰国生入試をお考えの小学生・中学生の生徒・保護者様を対象とした学校説明会を7/27(土)に開催します。教育講演会や学校説明会のほか、帰国生受け入れ校の先生に直接ご相談できる機会を提供いたします。5/7(火)よりWebサイトでお申し込み開始。

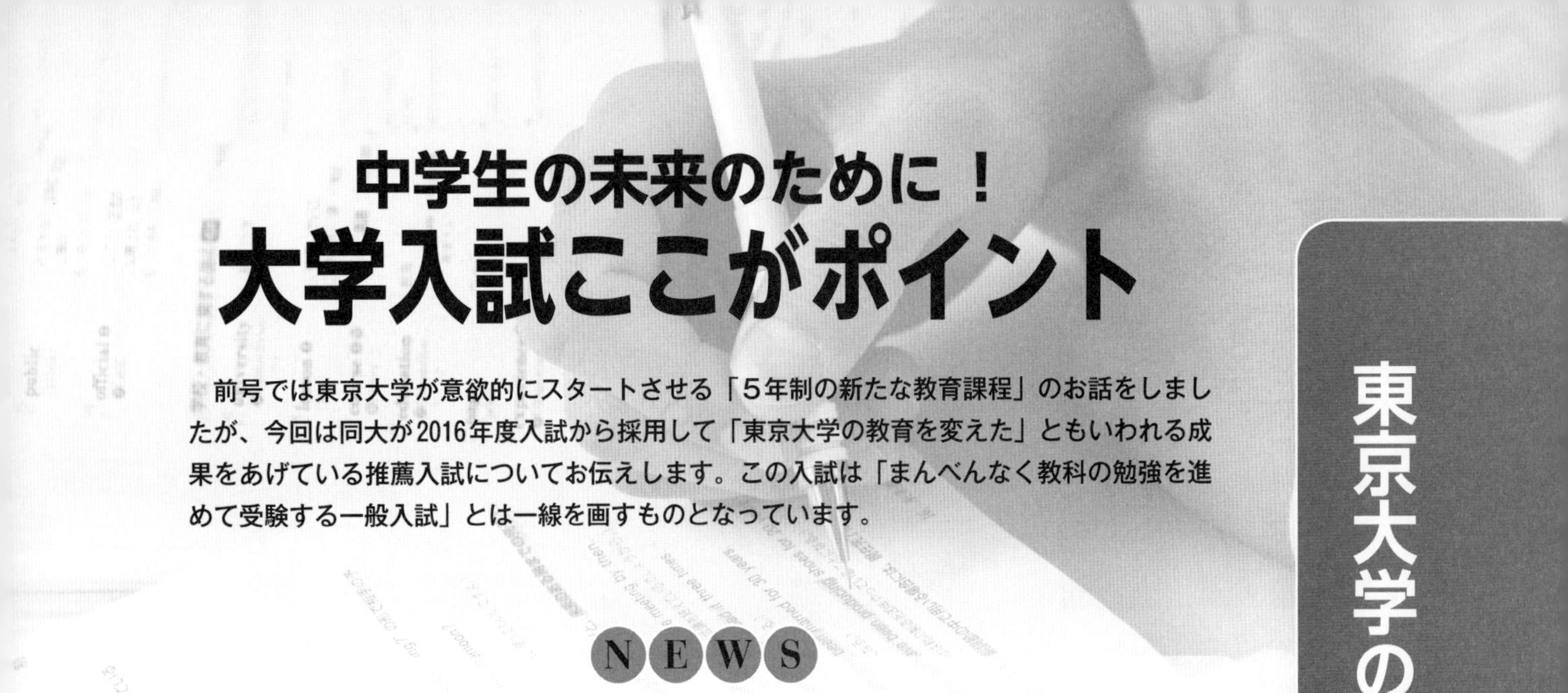

中学生の未来のために！

大学入試ここがポイント

前号では東京大学が意欲的にスタートさせる「５年制の新たな教育課程」のお話をしましたが、今回は同大が2016年度入試から採用して「東京大学の教育を変えた」ともいわれる成果をあげている推薦入試についてお伝えします。この入試は「まんべんなく教科の勉強を進めて受験する一般入試」とは一線を画すものとなっています。

東京大学の推薦入試は「脱・点数偏重」「多様性重視」

NEWS

学問を俯瞰的にとらえられる学生を

後期日程試験を廃止して導入

東京大学（以下、東京大）では、学部教育の総合的改革の一環として、多様な学生構成の実現と学部教育のさらなる活性化をめざし、2016年度入試から、国内の高校生を対象に学校推薦型選抜を実施しています。

この入試は、一般的に「東京大の推薦入試」と呼ばれていますが、これは学校推薦型選抜のことをさします。

大学の推薦入試には、「学校推薦型選抜（旧推薦入試）」と「総合型選抜（旧AO入試）」がありますが、東京大では総合型選抜は実施していません。

東京大では、2015年度入試以前の後期日程試験でも、前期日程試験で選抜していた学生とは異なるタイプの学生、具体的には「学問を俯瞰《ふかん》的にとらえることができる学生の確保」をめざしましたが、結局は前期の「敗者復活戦」の様相を呈してしまい成果は乏しかったのです。そこで後期日程試験を廃止し、その後継として新たに書類選考と面接に大学入学共通テスト（以下、共通テスト）の結果を組みあわせて実施する推薦入試（学校推薦型選抜）を導入したのです。

推薦入試にあたっては、大学受験対策色の薄い多様な取り組みを行う高校が増えていることを視野に、その成果を適切に評価したいとの考えもありました。

推薦入試は学部を直接受験

東京大の教育システムは独特です。入学したすべての学生は、教養学部に所属し、2年間の前期課程で6科類（文科一、二、三類、理科一、二、三類）に分かれ、駒場キャンパスで過ごします。ここで学生は、それぞれの科類に特徴的な授業のみならず、専門分野の垣根を越えて各自の興味・関心に基づいて、自由に幅広く学びます。

この前期課程では、特定の専門分野に偏らず、広い視野や総合的な基礎力の養成に重きがおかれ、そこで作り上げた土台の上に3年生以降の、高度で専門的な学部での学びを積み重ねます。

こうした学びのもと、2年生の中間期に、3年次から進む後期課程の学部学科の決定を行います。この作業は「進学選択制度（＝進学振り分け）」と呼ばれます。

前期課程2年間の学習・活動の結果として進学先を決定するこの制度は、Late Specialization（遅い専門化）という理念に基づく東京大の教育の特徴の1つです。

ですから受験時、東京大の一般

受験勉強のみではなく幅広い視野で深く学んだ人を

入試では「前期課程での6科類」をめざしての受験となります。

しかし、推薦入試（学校推薦型選抜）は違います。

推薦入試では科類ではなく、学部ごとに人員を募集していますので、入学時には前もって3年生以降に学ぶ学部をめざす形となります。このようになっている理由は、冒頭述べた推薦入試で求めている学生像によります。推薦入試では、東京大で教育・研究が行われている特定の分野や活動に関する卓越した能力、もしくはきわめて強い関心や学ぶ意欲を持つ志願者を求めているからです。

海外難関大学が求める学生像に似る

学部ごとに求める学生像を発表

各部ごとでの募集のため、東京大の推薦入試では、求める学生像やカリキュラム・ポリシー、推薦要件などを定め、学部ごとに志願者や高等学校等にメッセージが示されます。

また、推薦入試全体のアドミッションポリシーのなかで、期待する学生像として「入学試験の得点だけを意識した、視野の狭い受験勉強のみに意を注ぐ人よりも、学校の授業の内外で、自らの興味・関心を活かして幅広く学び、その過程で見出されるに違いない諸問題を関連づける広い視野、あるいは自らの問題意識を掘り下げて追究するための深い洞察力を真剣に獲得しようとする人」をあげています。

この狙いは、現在の日本の多くの大学よりも海外の難関大学が求めている学生像に近いものです。

いま東京大の新入生は約３１００人いますが、そのうち、この推薦入試で約１００人がその門をくぐっています。高校の調査書や論文、コンテストでの受賞歴などで1次の書類選考、これを通過した者に面接を行います。そして高度な授業を理解できる学力も必要なため、共通テストで９００点満点中の８００点程度の成績を収められていれば合格となります。

合否判定にあたって、共通テストの成績のみを重視することはなく、成績の利用方法も1点刻みの合否判断はせず、入学後の学習を円滑に行い得る基礎学力を有しているかどうかをみる、としています。このように「脱・点数偏重」への転換が推薦入試のコンセプトの1つなのです。

各高校から4人まで推薦可能

この推薦入試導入時、各高校の推薦枠は男女各1人でしたが、5年後の見直しで２０２１年度入試からは「男女各3人以内、計4人」を推薦できるようになりました。

今春の２０２４度の推薦入試では、男子志願者１３８人で、女子の志願者１１８人、合格者の女子比率は４６・２％（91人のうち42人）で、女子はいずれも過去最高の数字でした。

前期試験との併願を忘れずに

東京大の推薦入試は、毎年11月に書類選考、12月には各学部で面接などを実施、その後、共通テストの結果を加味して合否が判断されますので、推薦入試の合格発表は2月中旬ごろになります。

一般入試の出願は2月上旬には締め切られますから推薦入試の合否は間に合いません。推薦入試が不合格になった場合に備えて、前期日程試験に出願しておく必要があります。

その後、推薦入試で合格していた場合は、一般入試の合格者にはなれません。

東大入試突破への現代文の習慣

東大入試を突破するためには特別な学習が必要？　そんなことはありません。身近な言葉を正しく理解し、その言葉をきっかけに考えを深めていくことが大切です。田中先生が、少しオトナの四字熟語・言い回しをわかりやすく解説します。

早稲田アカデミー教務企画顧問
田中としかね

東京大学文学部卒業
東京大学大学院人文科学研究科修士課程修了
専攻：教育社会学
著書に『中学入試 日本の歴史』『東大脳さんすうドリル』など多数。文京区議会議員。第48代文京区議会議長、特別区議会議長会会長を歴任。

田中先生の「今月のひと言」

「本態」を多角的に見つめること全ての学問の基本となる姿勢です

今月のオトナの四字熟語

幸福寿命

「世界に類を見ない少子超高齢社会を経験する我が国において、日本の看護学の発展は国際的に看護学を先導するモデルとなります！」そう力を込めるのは、東京大学で看護学を専攻する山本則子教授です。山本先生は東京大学が２０１７年に立ち上げた「グローバルナーシングリサーチセンター（Global Nursing Research Center）」のセンター長もお務めです。このセンターが中心となって新しくスタートさせるプロジェクトがあるということで、直接お話を伺う機会を得ました。先生がおっしゃるには、日本は今「治す医療」から「支える医療」への大転換が求められている、とのことなのです。これはどういう意味なのでしょうか。

これまで医療は「病気を治す」ということに注力してきました。三大疾病（がん・心筋梗塞・脳卒中）を例に挙げるまでもなく、病院に入院した患者に手術を行うという医療行為が典型的でした。では治療が完了し、退院したら患者はどうなるのでしょう。元の状態へと回復を進めるためのリハビリテーションを行うのは、介護の役割とされてきました。「急性期（今すぐ診療が必要）」を担当する「医療」と、「回復期（療養上のケアが必要）」を担当する「介護」の役割分担ですね。ところが、急速に進む超高齢社会において、複合的な慢性疾患を抱える高齢患者の数は増

え続けています。これは加齢に伴う心身機能の低下に起因するものでもあり、病気の原因を取り除いて「治す」という発想だけでは、解決しない場合が多いのです。高齢者の生活そのものを支えることが求められ、「医療」と「介護」が同時に必要となるケースが増えていくと考えられています。ですから、「医療」には「生活者の視点」が求められることになり、「介護」にも「医療の視点」が求められることになるのです。この両者を合わせたものが「支える医療」と呼ばれるのですね。

「看護は、すべての人が健康的な生活を送れるよう直接支援する専門職です。私たちは、病気や障がい、加齢による変化にかかわらず、人々が困難と共存しながらも、幸せに生き、健やかに暮らし、生涯を通じて自分らしい可能性を発揮できる社会を思い描いています」と山本先生はおっしゃいます。そしてこのビジョンに基づいてスタートしたプロジェクトというのが「看護のチカラで幸福寿命延伸を目指す人生100年時代の〈しあわせ社会実現プロジェクト〉」なのです。

ここに登場した四字熟語が、今回皆さんにお知らせしたかった「幸福寿命」です。「平均寿命」「健康寿命」「幸福寿命」と「寿命」を表す四字熟語はいろいろあるのですが、それぞれの内容の違いを確認してみましょう。「平均寿命」というのは、生まれてから死ぬまでの「寿命の長さ」の平均値ですね。その「平均寿命」から「医療・介護に依存して生きる期間」を除いたものが「健康寿命」と呼ばれています。WHO（世界保健機関）が提唱した概念になります。一生のうちで「健康に暮らす期間」という意味合いになり、一般的に「健康寿命」は「平均寿命」より約10年短いとされています。厚生労働省も「健康寿命」を延ばすために、身体の状態の変化に気付き、生活習慣を見直しましょうと呼び掛けていますよね。でも「介護が必要になったら健康寿命はおしまい」という考えだけで、本当にいいのでしょうか？

この問い掛けに基づいて生まれたのが「幸福寿命」という考え方なのです。「健康寿命」を延ばすことが理想ですが、難しいこともあります。健康ではない期間も快適に過ごすことができれば、人生の最期まで自分らしく幸せであったといえるはずです。そこで看護の力で、「健康寿命」に快適期間を加えて「幸福寿命」とすることで、人生100年時代にふさわしい社会の実現を目指そうとしているのですよ。

特に私が興味を持ったのが次の点です。「これまで理工学と看護学の融合をイノベーティブ看護学として展開してまいりましたが、次なる展開は、文理融合型コミュニティ活動の社会実装・普及の取り組みです」と、山本先生はプロジェクトの構想を語られました。これはどういうことでしょうか。「幸福寿命」の延伸のためには、そもそも「『幸福』とはなんであるのか？」の解明が必須である、ということなのです。そのためには文系の知見が必要で、文学部（哲学・倫理学・宗教学など）で蓄積されてきた学問が役に立つというのです。「幸福の本態（本来のありさま）を多角的に見つめ直す」ことが求められる、と山本先生はおっしゃいます。

「なるほど！　これまでの私の取り組みは、無駄ではなかったのだ！」と思わせていただきました。文学部に所属して、大学院でも人文科学を研究していた私は、確かに「世界三大幸福論」と呼ばれている書物を読んできました。ス

イスのヒルティ（１８３３〜１９０９）、フランスのアラン（１８６８〜１９５１）、イギリスのラッセル（１８７２〜１９７０）による『幸福論』です。日本語に訳された著作がすべて『幸福論』と名付けられています。それぞれの著者のキャラクターにも特徴があり、40年連れ添った妻に先立たれて「もし来世があるなら無条件で再会したい」と述べたヒルティや、77歳で再会したかつての恋人と結婚（初婚）したアランや、80歳で4度目の結婚をして「はじめて安らぎを得た」と言ったラッセルは、いずれも超高齢社会の「幸福論」を考える際のヒントとなること、請け合いだと思います。「幸福」を解明した先にある「ケアサイエンス」の創生に、私も立ち会いたいと心から思いました。

今月のオトナの言い回し

鮑《あわび》の片思い

私の仕事の一つに「講演活動」があります。小学生を対象にした「漢字の学習の仕方について」や中高生を対象にした「受験勉強に向かう姿勢について」、大学生を対象にした「社会で役立つ学問について」などなど、対象はさまざまです。さらに、講演を行う地域も首都圏のみならず、関西圏や東北地方などの全国各地に及びます。今回紹介したいのは、北陸地方で高校生を対象にして行った講演でのエピソードになります。「興味を持てることになんでも取り組もう！」といった内容の、ざっくばらんな「高校生活について」の講演だったのですが、「皆さんが今、興味をもっていることについて、なんでもいいですから私に質問はありますか？」という問い掛けに対して、ある女子生徒が手を挙げました。「先生には好きな人がいますか？」という質問でした。とっさに自分の子どもたち（小学生の兄妹です）の顔を思い浮かべた私は「いますよ！」と答えました。女子生徒はさらに「付き合ってるんですか？」と尋ねてきたので、私はここでようやく質問の趣旨が違うことに気付きました。そこで「あ、特に付き合っているわけではなくて……」と説明をしようとしたのですが、すかさず「じゃあ、片思いなんですね」と返されてしまいました。なんともちぐはぐなやりとりでしたが、私は妙に納得したのでした。確かに「親から子どもへの愛情というのは片思いである」と。そこで講演は急きょ「親の気持ちを解説する」といった内容になったのでした。

「鮑の片思い」という言い回しがあります。『万葉集』に登場する由緒ある表現なのですが、文字通り「片思い」をしている状況を表しています。鮑は蛤《はまぐり》などの二枚貝と違い、貝殻が一枚しかないように見えます。学術的には巻き貝の仲間なのだそうです。二枚貝の蛤ならば「貝合わせ」（平安時代の遊び）もできますが、鮑にはそもそもぴったりと合ったもう片方の貝殻はありません。そんな鮑のような「一方的な思い」を表す言葉として、１０００年を超える歴史を持った言い回しになるのですね。ぜひ覚えておきましょう。

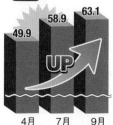

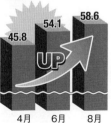

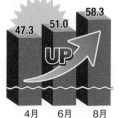

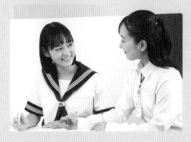

大学受験

この春、大学に進学した先輩たちは、
一体どんな高校時代を過ごしていたのでしょうか。
部活は何をしていたの？　忘れられない思い出は？
大学受験の勉強は大変だった？
２人の先輩に教えていただきました。

Bさん

2021年4月
筑波大学附属高 進学

中学生のころのBさんは……

勉強も部活動も真剣！ さらに学年委員を務めたり、市政に意見を伝える「子どもモニター」に選ばれて参加したりと、さまざまな活動をしていました。でも本当は、１人で静かに過ごすのも好きなタイプなんです……。

筑附高を目指したきっかけ

自由な雰囲気がとてもいいな、と思ったことです。はじめは県立高校を志望していたのですが、高校受験に向けた学習を進めるなかで成績が大きく伸びたため、挑戦することができました。

部活

弓道部

合宿で、みんなで切磋琢磨したことが思い出に残っています。

高校時代の一番の思い出

スポーツ大会

高３のスポーツ大会が忘れられません。私は女子サッカーの試合に出場して、見事優勝を勝ち取りました！　筑附高は、勉強や自由研究だけでなくスポーツもすごく盛んな学校。特に、クラス対抗で行うスポーツ大会はすごく盛り上がります。クラスの総合順位は惜しくも2位でしたが、大切な思い出となりました。

筑附高ってどんな場所？

“自分”を見つけられるところ

陸上、短歌、プログラミング……。筑附高にはいろんな個性を持った人が集まっていて、それぞれが自分の好きな分野で活躍しています。私が、以前から興味を持っていた鳥類の研究に挑戦できたのも、そんな環境にいたからだと思います。また、OB・OGの方と関わる機会も多いため、社会に出たときの自分をイメージするきっかけにもなりました。

大学受験に向けた勉強で大変だったこと

私は一般選抜の準備に加え、高校の成績や書類などで選抜される「特色入試」の準備も同時に行っていました。特色入試に向けた書類には、自分が取り組んでいる研究内容や将来の展望をまとめます。日ごろの学習も進めながらそれらの書類作成に取り組んでいるときはとても忙しかったですが、すき間時間を効率的に使うよう心掛けました。

これからのBさんは……？

私は、鳥類保全、人間と自然の共生について研究していきたいと考えています。1年生から、自分の専門分野の学習に思いっきり打ち込めるのが京都大学のいいところ！　研究者を目指して頑張っていきます。

2024年4月
京都大学農学部 進学

\ 新 大学1年生に聞く! /

高校時代の思い出、そして

A さん

2021年4月 東京都立国立高 進学

中学生のころのAさんは……

趣味は読書。小説やライトノベルのほか、講談社「ブルーバックス」シリーズなど数学に関する本を読むのも好きでした。また、部活は卓球部に所属し、その活動にも一生懸命取り組んでいました。

都立国立高を目指したきっかけ

きっかけは、家から近くて通学に便利だったこと。実際に見学に行ったとき、「活気があるけど落ち着いた、穏やかな学校だな」と感じたことが決め手になりました。

部活

卓球部

中学生のころの経験を生かして、高1の終わりからは部長も務めました!

高校時代の一番の思い出

文化祭

国立高といえば文化祭! コロナ禍の影響で一般公開できない時期が長く続いた分、3年ぶりの一般公開を迎えた高3のときは全力を注ぎました。クラスみんなで演劇に挑戦し、ぼくはキャストを務めました。残念ながら賞は取れませんでしたが、みんなでつくり上げた達成感は忘れられません。

都立国立高ってどんな場所?

いつでも元気になれる場所

国立高は、3年間クラス替えがありません。だからクラスメイトとの親交が深く、みんなで一緒に成長していける雰囲気があります。大学受験の間際には、成績が思うように伸びず悩むこともありましたが、そんなときも学校のクラスの仲間と一緒に勉強していると、いつの間にか元気になれました。

大学受験に向けた勉強で大変だったこと

文化祭の準備のため、高3の夏休みは勉強時間が取れず苦労しました。また、公立高校だと、理科のカリキュラム学習が終わるのが高3に入ってしまい、演習に使える時間がどうしても少なくなってしまいます。ぼくの場合、塾で先取り学習を進めていたため、9月からは気持ちを切り替えて実戦演習に専念することができました。

これからのAさんは……?

1・2年生の間は、専門を決めずに幅広く勉強していこうと思います。ただ、数学科への進学も視野に入れているため、基礎数学はしっかり学んでいくつもりです!

2024年4月 東京大学理科一類 進学

みんな、読まないと！

東大生まなのあれこれ

▼・★・●・▼・★・● まなのプロフィール ▼・★・●・▼・★・●

東京大学教育学部・身体教育学コース所属の3年生。特技は乗馬。東大では、水泳部と「東京大学東大娘。」という東大の女子学生によるアイドルコピーダンスサークルで活動中。

▼・★・●・▼・★・●・▼・★・●・▼・★・●▼・★・●・▼・★・●・★

遊びたい欲望に勝てる！ 勉強のモチベーション維持方法

こんにちは！ ゴールデンウィークの間、勉強のモチベーションはどれくらい保てましたか？ 私は怠け癖があるタイプなので、長期休暇に入るとモチベーションが保てず、勉強習慣が崩れてしまうことも多々ありました。そこで今回は「勉強のモチベーションを手に入れる5つのポイント」を紹介します！

「なんとなく」はダメ！ 志望動機は具体的にしよう

1つ目は「志望校に心の底から行きたいという野心を持つ」です。私が東大受験を本格的にめざしたのは、高1のころ、東大の文化祭に行って、その年に私が推していたミスター東大の方と話したことがきっかけです。お恥ずかしい話なのですが、「こんなに賢くてかっこよくて話もおもしろい人がいるんだ！ 私も同じ大学に入りたい！」と思いました。アイドルの追っかけみたいな感じですね（笑）。これが、私にとって、それまで「東大に行けたらいいな」となんとなく考えていた気持ちから「絶対東大に行ってやる！」という思いに変わった瞬間でした。

こんなふうに、志望校に心の底から行きたいと野心を持つことが勉強のやる気につながると思います。ですから、なんとなく「〇〇高校いいな」程度の理想ではなく、「〇〇高校はこんな生徒や先生がいて、こんな行事があるから、私もここに絶対入るぞ！」というような具体的な野心があると、勉強のモチベーションにつながると思います。

実際に高校の文化祭に行ってみたり、合格したあとのことを具体的にイメージして、「〇〇高校に入学したらやりたいことは？」「〇〇高校ではどんな未来が待っている？」といったことを紙に10個くらい書き出してみたりすると、より志望校をめざす気持ちが明確になるはずです。

2つ目は「自分の現状と理想の差を具体的に理解する」です。私はもともとそこまで勉強が得意な方ではなかったのですが、それでも第1志望の高校に合格し、東大に入れたのは、偏差値だけではない「差」を身をもって感じることができたからだと思います。

私は高2のときに、たまたま学年トップの成績の子と隣の席になりました。

まなの使っている、週間バーチカル手帳。1日の予定を細かく立てられるので、自分がいつ、どれくらい勉強できるのかも「見える化」できて便利！

その子も東大志望、模試での合格可能性はつねにA判定でした。隣の席なので、ペンを置く音でテストを解き終えたタイミングがわかりましたし、点数もわかりましたが、その子は小テストですら、解くスピードや正答率が私とまるっきり違いました。「あれっ、この人と同じ大学をめざしているのに、私はこのままでいいの？　いや、いいわけない！」とハッと気づきました。このとき学年トップの子と隣の席にならなかったら、いまの自分はないかもしれません。

ちなみに、高校受験のときも塾で成績がいい子の隣になって、偏差値だけではなくて、取り組む姿勢やスピードが自分と全然違うことを身をもって感じました。モチベーションを保てないという人は、自分よりはるかに成績がいい人と同じことを隣でしてみてください。きっと、このままじゃ「マズイ」と気づくはずです。

1人じゃ頑張れないなら だれかと協力してみよう

３つ目は「予定表の活用」です。ここまでで、心からかなえたい目標、自分が埋めなくてはならない差を理解したら、次は具体的な行動に移していきます。私は、1時間ごとにその日のタスクを書き込める、週間バーチカル手帳を使って、やるべきことを「見える化」していました。例えば、1週間ごとに数学の問題集に何ページ取り組む、英単語は何ページ分覚えて次の週にテストする、といった感じです。毎週目標があったので、勉強のモチベーションが維持しやすかったです。

４つ目は「人と協力する」です。例えば私は中学から高校まで、塾の先生に勉強の進捗管理をしてもらっていました。また、友だちと協力するなら次の週までに覚える範囲を決めて、テストしあうなどでもいいと思います。

私のような怠け癖のある人は、自分自身との約束はすぐに破ってしまいます。でも、先生や友だちとの間で決めた約束なら守れるはずです。せっかく塾や学校に仲間がいるので、どんどん協力してもらいましょう！

最後は「自分よりちょっと成績がいいけど、頑張れば追い抜けそうなライバルを見つける」です。ゲームで例えると、自分がレベル50だとして、相手がレベル100だと勝ち目がないと思ってしまいますが、レベル60くらいの相手なら、ちょっと工夫して頑張れば勝てそうな気がしませんか？　そんなふうに、お互いに刺激しあえるライバルがいる人は、成績が上がっていく人が多かったです。

受験勉強は長期戦で、やる気が出ないこともあるかと思いますが、そんなときは、この5つのポイントを意識して取り入れてみてください！

キャンパスデイズ

十人十色

東京都立大学

経済経営学部２年生

遠藤《えんどう》　優月《ゆづき》さん

得意な数学の分野を 社会の経済・経営問題解決に活かす

数学的・心理学的な面もふまえ経済・経営の問題点を探る

Q　東京都立大学経済経営学部経済経営学科を志望した理由を教えてください。

学費のことを考えて、国公立大学に進学することを決めて進路を考えていました。そのなかで、高1のときに先生が東京都立大学は雰囲気がすごくいい、とすすめてくれ興味を持ちました。実際にオープンキャンパスへ足を運んだときに、学校全体や在学生の落ち着いている雰囲気が私に合っていると感じ、第1志望にしました。

もともと数学が好きで、いずれは簿記や税理士資格を取得したいと考えており、調べてみると資格取得に直結するのが経済経営学部経済経営学科でした。

Q　いま、その学部・学科ではどんなことを勉強していますか。

1年次で経済学、経営学両方の基礎を学び、2年次からは「経営学コース」と「経済学コース」のどちらかを選択します。

経営学は社会を動かす企業やビジネスがどう成り立っているのか、どのように行動すべきか、といったことを心理学的な面も含めて勉強します。私は経営学コースを選びました。

もう1つの経済学は社会の需要と供給について数式に当てはめて説明するなど、数学的要素が強いですね。

Q　印象に残っている講義はありますか。

「経営組織論」という組織のマネジメントの方法を学ぶ講義では、講義に出席している1～4年の学生混合で、グループになって話しあいます。知識が豊富な上級生から新たな刺激を受けました。

その講義では、実際に経営難にお

ちいった企業がどのように立て直したのか、など実例をもとに考えていくものもあり、印象に残っています。

また、1年の前期から受ける「基礎数学」では、経済学・経営学の両方を学ぶうえで欠かせない数式の解き方を勉強します。ここでつまずくと今後の勉強に影響がおよぶといっても過言ではないほど大切な講義です。

というのも、1年の後期に受ける「経営科学概論」が経営活動で生じた問題に対して、自分で数式を立てて答えを導き出す、といった内容なのですが、自分で数式を立てられることが前提になるからです。

高校までのように与えられた問題を解く、というものではなく、ある社会現象に対しては、こういった数式が成り立つ、ということを考えるので、その現象に合った数式を思いつくことができるセンスが必要なのも、おもしろいなと感じます。

好きな数学を活用し 地元に恩返しを

Q 東京都立大学の魅力を教えてください。

アットホームな雰囲気で、校内がとても落ち着いているので、集中して勉強できる環境が整っています。在校生、教員も優しい人ばかりです。

そのほか、1年の段階から企業などのインターンシップへの参加を推奨していて、単位として認められます。インターンシップに参加している学生の70％以上が1年生です。

私は昨夏に区役所のインターンシップに参加しました。職員の方と積極的にコミュニケーションを取るなかで、実際に私が働くようになったときのイメージが浮かぶようになりましたし、貴重な話をたくさん聞かせてもらうことができました。

Q 将来の目標を教えてください。

私の好きな数学を活用しながら、人の役に立つ仕事をしたいと考えています。まずは税理士資格の取得をめざします。

税理士は一般企業や、会計事務所での勤務など、様々な働き方が選択できます。いずれは、地元に恩返しできるような仕事をしたいです。

東京都立大学には、都庁をめざす人、公務員志望の人も多いです。

Q 読者にメッセージをお願いします。

部活動や学校行事などのイベントにも積極的に参加してください。学校生活を振り返ったときの楽しい思い出が、勉強を頑張れる原動力になるでしょう。

まだ将来の夢が決まっていないという人でも焦らず、いまできることに一生懸命取り組んでください。それが将来、目標達成につながることもあるはずです。

TOPICS

細部まで記入した学習計画表で集中力を持続させる

学校から配付される学習計画表には、なんの教科を○時間やる、ということだけ書かれていましたが、私は、食事は何分、睡眠は何分など、私生活の細かい部分まで時間配分を決めていました。その計画表を見ると、案外スキ間時間がある、ということがわかりました。その分、決めた時間はきっちり勉強しようと、集中して取り組めるようになりました。

勉強方法は、受験に特化した勉強に取り組むというより、まずは定期テストを完璧に解けるようにしようと考えていました。そうすると、どの教科においても、基礎が頭に入った状態になったので、そこから過去の入試問題を解くなどして応用力を鍛えていきました。

旅行が趣味で、昨年は友人と5泊6日で沖縄旅行に行きました。本島と宮古島を訪れ、楽しい思い出ができました。

大学ではバスケットボールサークルに所属しています。昨年の学園祭での1枚です。

高校ではハンドボール部に所属していました。仲間とは部活動や勉強面に限らず、様々な面で支えあいました。

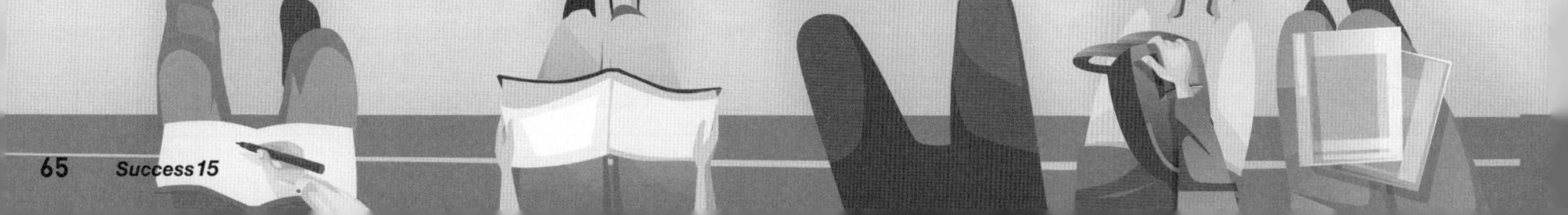

第7回
フェスタ
TOKYO
〜私学から世界へ〜
近未来体験型東京都私立中学・高校
進学相談会

生徒がプロデュースする
合同説明会
フェスタTOKYO

完全予約制

中学校受験・高校受験

日時 2024年 6月16日(日)
1部 09:30〜12:30
2部 13:30〜16:30

会場
淑徳巣鴨中学高等学校
〒170-0001　東京都豊島区西巣鴨 2-22-16
バス　●都営バス［堀割停留所］より徒歩0分　●池袋駅東口より8分(⑥⑦⑩⑫⑬乗り場)
●王子駅、王子駅前駅より12分(⑧⑭乗り場)
電車　●都営三田線［西巣鴨駅］A3出口より徒歩3分　●JR埼京線［板橋駅］東口より徒歩10分
●東武東上線［北池袋駅］東口より徒歩15分　●東京さくらトラム(都電荒川線)［庚申塚駅］より徒歩4分

対象参加者
・小学校３年生〜６年生、中学校１年生〜３年生
　男女の受験生及び保護者
・各教育機関及び報道関係者

第6回
来場者
アンケートより

●明るい挨拶と優しい声かけ
●他にはないプログラムで充実した時間
●在校生の印象＝学校の印象
●優しい在校生の方々のようになりたい…
●先生方のお話が印象に残りました

在校生スタッフの方々が元気に迎えてくださり、安心して参加できました。
在校生によるプレゼンテーションは、他にはない機会で参考になりました。
どの在校生も素晴らしく、その様子が実際の学校の印象になりました。
授業体験での対応など的確で丁寧でとても優しくしていただきました。
受験講座、中高入試講演そして何でも相談会ではやる気、元気をいただきました。

プログラム

個別説明・個別相談
入場予約
◆学校別個別説明会
◆受験何でも相談会

在校生による授業体験会
要予約　小学生対象
◆在校生による授業体験会

講演会
要予約
◆中学校入試講演会
◆中学校受験合格講座
◆高校入試講演会
◆高校受験成績アップ講座

在校生によるイベント他
入場予約　◆中学校・高校在校生による
オープニングセレモニー
要予約　◆中学校・高校在校生による
中・高受験プレゼンテーション

※最新情報についてはホームページよりご確認ください。

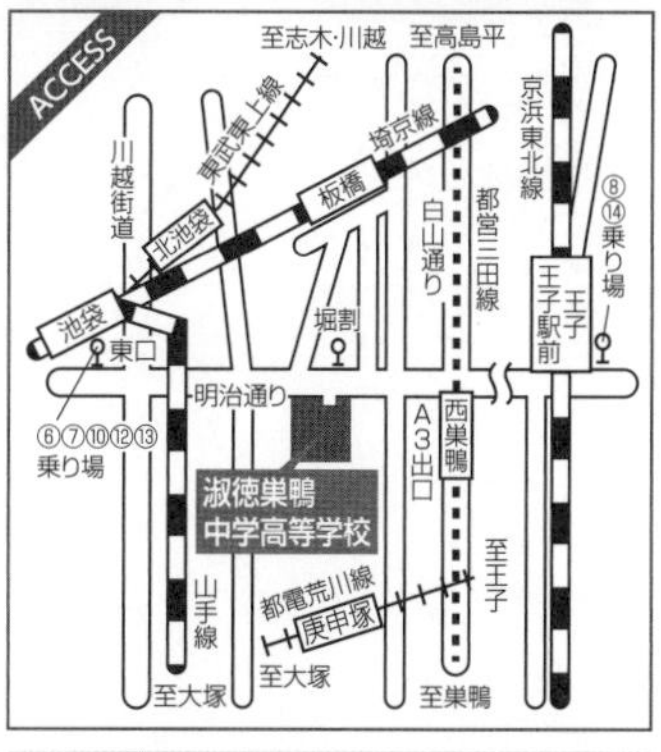

参加校 ※2024年度の参加予定校です。

■上野学園　◈北豊島　■共栄学園　京華学園(◆京華　■京華商業　◈京華女子)　◈小石川淑徳学園　◈麹町学園女子
■国学院大学久我山　■国士舘　■駒込　■桜丘　■サレジアン国際学園　■自由学園　■淑徳　■淑徳巣鴨　◘潤徳女子
■城西大学附属城西　■大東文化大学第一　◈瀧野川女子学園　■帝京　■貞静学園　◈東京家政大学附属女子
■東洋大学京北　◈中村　■二松学舎大学附属　■日本大学第二　◈日本大学豊山女子　■文化学園大学杉並　◘文華女子
◈文京学院大学女子　■豊昭学園(豊島学院、昭和鉄道)　■豊南　■武蔵野　■武蔵野大学附属千代田・千代田国際
■目黒学院　■八雲学園
資料参加校…◈大妻　◈大妻中野　■下北沢成徳　◆東京都市大学付属　◈富士見　◆明治大学付属中野

■共学中高一貫校　◈女子中高一貫校　◈女子中高一貫校中学入試のみ　◘女子校高校入試のみ　■別学中高一貫校
■共学校高校入試のみ　◆男子中高一貫校　◆男子中高一貫校中学入試のみ

4月28日(日)より予約開始
・入場予約は１部・２部のどちらか１つでお願いします。
・入試講演会、講座、体験授業の予約でも入場できます。

詳細のお問合せ

子どもたちと共に未来を拓く私学の会　事務局 淑徳巣鴨中学高等学校
☎03-3918-6451　✉festa-tokyo@shukusu.ed.jp

フェスタ内容・講演会・講座の
予約受付はこちらから
下記 URL または、QR よりアクセスいただけます
http://gakuran.jp/festa-tokyo/

埼玉私学フェア2024

個別相談で自分の最適受験校を探す

※日程および内容は変更されることがあります。詳しくは埼玉県私立中学高等学校協会HPでご確認ください。

当協会HP
QRコード

熊谷展 2日間開催

7月27日㊏
28日㊐

会場：キングアンバサダーホテル熊谷　3階
プリンス・プリンセス

川越展 2日間開催

8月17日㊏
18日㊐

会場：ウェスタ川越　1階　多目的ホール

大宮展 2日間開催

8月24日㊏
25日㊐

会場：大宮ソニックシティ　第1～5展示場

埼玉県内私立高校　※は中学校を併設

- 青山学院大学系属
- 浦和ルーテル学院※
- 秋草学園
- 浦和明の星女子※
- 浦和学院
- 浦和実業学園※
- 浦和麗明
- 叡明
- 大川学園
- 大妻嵐山※
- 大宮開成※
- 開智※
- 開智未来※
- 春日部共栄※
- 川越東
- 慶應義塾志木
- 国際学院※
- 埼玉栄※
- 埼玉平成※
- 栄北
- 栄東※
- 狭山ヶ丘※
- 志学会
- 自由の森学園※
- 秀明※
- 秀明英光
- 淑徳与野※
- 城西大学付属川越※
- 正智深谷
- 昌平※
- 城北埼玉※
- 西武学園文理※
- 西武台※
- 聖望学園※
- 東京成徳大学深谷※
- 東京農業大学第三※
- 東邦音楽大学附属東邦第二
- 獨協埼玉※
- 花咲徳栄
- 東野
- 武南※
- 星野※
- 細田学園※
- 本庄第一※
- 本庄東※
- 武蔵越生
- 武蔵野音楽大学附属
- 武蔵野星城
- 山村学園
- 山村国際
- 立教新座※
- わせがく夢育
- 早稲田大学本庄高等学院

(参加校は会場によって異なります。ホームページでご確認ください)

ちょっと得する

読むサプリメント

ここからは、勉強に疲れた脳に、ちょっとひと休みしてもらうサプリメントのページです。
ですから、勉強の合間にリラックスして読んでほしい。
このページの内容が頭の片隅に残っていれば、もしかすると時事問題や、
数学・理科の考え方のヒントになるかもしれません。

Success Book Review ……70
続 窓ぎわのトットちゃん

耳よりツブより情報とどきたて ……71
始まった生理用品「無料提供」の動き
トイレットペーパー同様に

マナビー先生の最先端科学ナビ ……72
ペロブスカイト太陽電池

for 中学生　らくらくプログラミング……79

なぜなに科学実験室……80
高く高く舞い上がるボール

中学生のための経済学 ……84
社会を支える SDGs と ESG

中学生の味方になる子育て「楽しむ 伸びる 育つ」……86

PICK UP NEWS ……87
Ｈ３ロケット打ち上げ成功

思わずだれかに話したくなる　名字の豆知識 ……88
今回は「山梨」

13歳からはじめる読解レッスン ……90

ミステリーハンターＱのタイムスリップ歴史塾 ……94
近松門左衛門

サクセス印のなるほどコラム……95
8000枚の似顔絵

中学生でもわかる　高校数学のススメ ……96

解いてすっきり　パズルでひといき ……100

Success Book Review

天真爛漫に時代を駆け抜けた
とある少女の成長記録

今月の1冊

『続 窓ぎわのトットちゃん』

著／黒柳徹子
刊行／講談社
価格／1650円（税込）

タレントの黒柳徹子氏が、幼少期の体験を綴った『窓ぎわのトットちゃん』が発売されたのは、いまからおよそ40年前のこと。本作はその続編となる物語だ。みんなにはぜひ、1作目も手に取ってみてほしい。自分の個性をすくすくと伸ばす一方で、少女の背後に戦争が音もなく忍び寄り、気づかぬうちに彼女の生活を侵食していく恐ろしさを感じることができるだろう。

さて『続　窓ぎわのトットちゃん』では、トットちゃん一家が巻き込まれた太平洋戦争の様々な出来事が記録されている。お父さんが出兵先のシベリアで捕虜になったこと、疎開する途中の上野駅でお母さんとはぐれたこと、生家を含むふるさと一帯が空襲で焼け野原になったこと……。

とくに胸が締めつけられるのは、戦時中に生まれたトットちゃんの妹が、疎開先で初めて白いご飯を見て「これ、なあに？」と問う場面だ。こうした「記録」を読んで思ったこと、感じたことを、みんなにも忘れずにいてほしい。

作品の後半では、通学する香蘭女学校の教えである「咲くはわが身のつとめなり」を体現しようと奮闘するトットちゃんの姿が描かれる。やがて東洋音楽学校に進学し、同級生の就職が決まるなか、自分だけ未来がみえず「トットの才能は、いったいどこにあるんだろう？」と悩む様子に、かえって力をもらえる人も多いだろう。いまなお活躍するトットちゃんでも、自分の将来に迷い、もがいた時期はあったのだ。

様々な経験をした彼女がずっと大切にしてきたのは、「素直」でいることだ。戦争中、涙を流したことで警察官から怒られるシーンがあるが、人の感情は本来、だれからも邪魔をされたり、フタをされたりしてはいけないもののはずだ。

ページをめくっていくと、若い日の出来事を読んでいたはずがいつの間にか、現在のトットちゃんの人生に合流していることに気づく。いつまでも少女のような素直さを持ちながら、トットちゃんみたいに真っすぐに、キラキラと輝きながら生きていきたいと思わせてくれる1冊だ。

耳より
ツブより
情報とどきたて

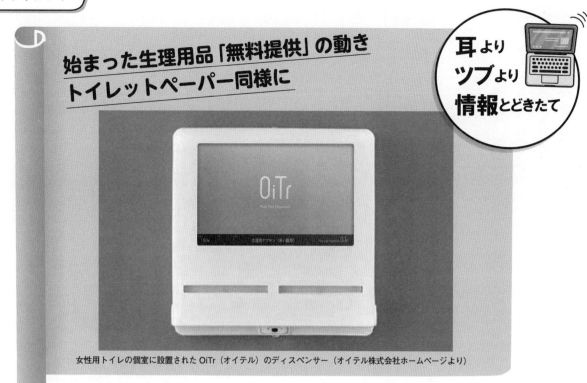

始まった生理用品「無料提供」の動き トイレットペーパー同様に

女性用トイレの個室に設置されたOiTr（オイテル）のディスペンサー（オイテル株式会社ホームページより）

コロナ禍で「生理の貧困」が表面化

みなさんは「生理の貧困」という言葉を聞いたことがありますか。

この言葉は2017年、国際NGOプラン・インターナショナルが行った、イギリスでの調査報告が「生理の貧困（Period Poverty）」と記したことから、海外では広く知られるようになりました。

アメリカ医学女性協会は、生理の貧困とは「生理（月経）のための衛生用品や教育、衛生施設、そして廃棄方法などが、十分に得られない状態、環境のこと」だとしています（参照：『Period Poverty＝生理の貧困』アメリカ医学女性協会）。

日本では新型コロナウイルスの感染拡大時、経済的に困窮した家庭で「生理用品が買えない」などの事態が顕在化したことから浮かび上がってきた問題ですが、いままではみえていなかった問題がコロナ禍をきっかけに表面化したものだともいえるのではないでしょうか。

2021年、東京都は都立の中学校、高校の女子トイレに生理用品を公費で常備することとしました。コンセプトは「トイレットペーパーと同じように」という考えからでした。

時期に前後はありましたが、この動きは神奈川県、群馬県、宮崎県、滋賀県などの自治体に広がっていきました。「貧困」という言葉からは、経済的な面のみをとらえがちですが、それだけではなく人としての尊厳や人権に大きくかかわる問題です。

これは、SDGsでいう「ジェンダー平等」にもつながります。

そしていま、中学校や高校の無料配布とは異なる動きが出てきました。

トイレの個室に設置された白い箱

民間の駅や公共施設、大学などの女性トイレで見られるようになったのが、個室それぞれの壁に設置されているOiTr（オイテル）です【写真】。

OiTrは30㎝×30㎝程度の白い箱（ディスペンサー）ですが、内部に生理用ナプキンが入っており、登録すると25日ごとに最大7枚のナプキンを無料で受け取れます（初回の1回は未登録で使用可能）。

使い方は、個室トイレ内の壁に掲示してあるQRコードをスマートフォンで読み取ってOiTrアプリをダウンロード（無料）、起動後、画面の取り出しボタンをタップしてスマートフォンを箱に近づけると、取り出し口からナプキンが1枚無料で出てきます。

この仕組みを開発したオイテル株式会社は、経済的な理由だけではなく、急な生理や用意のし忘れなど、予期せぬ事態に見舞われる不安を抱える女性の負担をいくらかでも軽減できないかということがスタートだったといいます。

ナプキンを無料で提供できる仕組みですが、便座にすわると箱の表面にあるサイネージ（画面）から広告が流れ、その広告料金でナプキン代をまかなっているのだといいます。

趣旨に賛同した広告主や設置施設が次々と名乗りをあげ、いまでは全国27都道府県、215施設に2817台のOiTrが導入されています（2024年4月現在）。さらに普及して経済格差やジェンダーギャップの不均衡是正が進むといいですね。

マナビー先生の

最先端科学ナビ

FILE No.039

ペロブスカイト太陽電池

二酸化炭素の排出量が極めて少ない新・太陽電池

最近は「二酸化炭素を極力出さない生活をしてサステナブルな未来を築こう」なんていう標語をよく見るよね。

「持続可能な」とか「ずっと維持できる」というのがサステナブルの意味だけれど、昔から世界中で使ってきた化石燃料が排出する二酸化炭素が問題だとされている。大量に排出され続けてきたことで、温暖化が進み、気候システムに変化が生じて、各地で豪雨や干ばつなど自然災害が頻発するようになってきたんだ。

長い間、環境のことをあまり気にしないで使ってきたことへの「しっぺ返し」を受けている感じだね。「なんで私たちの時代になってぇ!?」なんて愚痴も言いたくなるけど、いまが大事。なんとかしないと住みやすい地球を維持できないよ。

こんなとき最も期待されるエネルギー源が、太陽の光を受けて電気に変える太陽電池だ。太陽光は再生可能なエネルギーで、運用時の大気中への二酸化炭素排出量は、化石燃料による発電よりもはるかに少ない。

そんな優れものの太陽電池にも弱点はある。じつは発電効率がちょっと悪いんだ。発電効率は、その方法によって大きく異なる。例えば、水力発電の発電効率は約80%だけれど、現在多く使われているシリコンを材料とする太陽光発電の効率は約15%～20%と低い。強い光を必要とするので設置場所が限られ、天候に左右されることも影響しているよ。

コストや寿命の問題もあるんだ。太陽電池を作るには、国外から希少で、高価な材料を手に入れる必要がある。

また、使っているうちに効率が落ちてくるので、運用コストを下回ったときには廃棄しなくてはならない。この廃棄作業がまた大変。シリコン型太陽電池は大きくて重いので、廃棄するにも費用がかかる。

薄いから曲げてもOK ビルの壁にも設置可能

そんな太陽電池にいま、救世主が現れた。それが今回紹介する「ペロブスカイト太陽電池」だ。こちらはヨウ素などを合成した人工のペロブスカイト結晶を使って作る。そして現在、国内トップを走る積水化学工業のものではシリコン型に劣らぬ発電効率15%を達成している。

そしてペロブスカイト太陽電池は薄い膜でできているのが特徴で、なおかつ軽い。それだけでなく、その特徴を活かし、曲げて使うことが可能だし、ビルの壁などにも設置することが可能になるんだ。

この特徴は狭い日本では便利だ。広い設置場所を探さなくても、耐荷

マナビー先生

大学を卒業後、海外で研究者として働いていたが、和食が恋しくなり帰国。しかし科学に関する本を読んでいると食事をすることすら忘れてしまうという、自他ともに認める“科学オタク”。

重が小さい工場の屋根など、これまでは施工できなかった場所に設置できるのは大きな長所といっていい。

　このペロブスカイト太陽電池の材料は、シリコン型太陽電池の材料よりも比較的安価で、しかも海外に依存せず、国内で材料を調達できる点もすばらしいことだ。おもな原料であるヨウ素は、日本の生産量が世界第2位なんだ（第1位はチリ）。

　資源エネルギー庁のあと押しもあって、積水化学工業、東芝、カネカなどがいま、高効率化、耐久性の向上に取り組み、積水化学工業では来年、本格的な実用化に踏みきることになっているよ。

この太陽光発電の新素材に気づいたのは日本人研究者

　ペロブスカイトというのは、以前から知られていた鉱物の名称だ。

　2009年、桐蔭横浜大学の宮坂力《つとむ》教授と研究チームが有機・無機ハイブリッド材料の研究で、太陽光発電の素材としてペロブスカイトの有用性を示す論文を発表した。この論文によって、やがて世界の人たちがこの材料に目を向けるようになったんだ。研究は、いま世界中で競争するように進んでいる。

「G７広島サミット2023」(2023年５月)会場に展示されて注目を浴びたフィルム型ペロブスカイト太陽電池（出典：積水化学工業株式会社）

　前述の通り、いまではこの鉱物の組成を模した材料が人工的に作られ、太陽電池開発のために使われるようにもなっている。

　宮坂教授はこの研究によって、イギリスのランク財団から「ペロブスカイト太陽電池の開発者7人」のうちの1人としてランク賞が贈られている。

　日本は2050年までに、二酸化炭素など温室効果ガスの排出を全体としてゼロにする、カーボンニュートラルをめざすことを宣言している。二酸化炭素の排出量と吸収量をトータルして、プラスマイナスゼロの状態にしようというのが、カーボンニュートラルの取り組みだ。

　冒頭述べたサステナブルな未来実現のためにも、この取り組みの達成は欠かせないものだといっていい。

　そのためにも、いま実用化に向け、最初の1歩を踏み出そうとしているペロブスカイト太陽電池。その活躍に大きな期待がかかる。

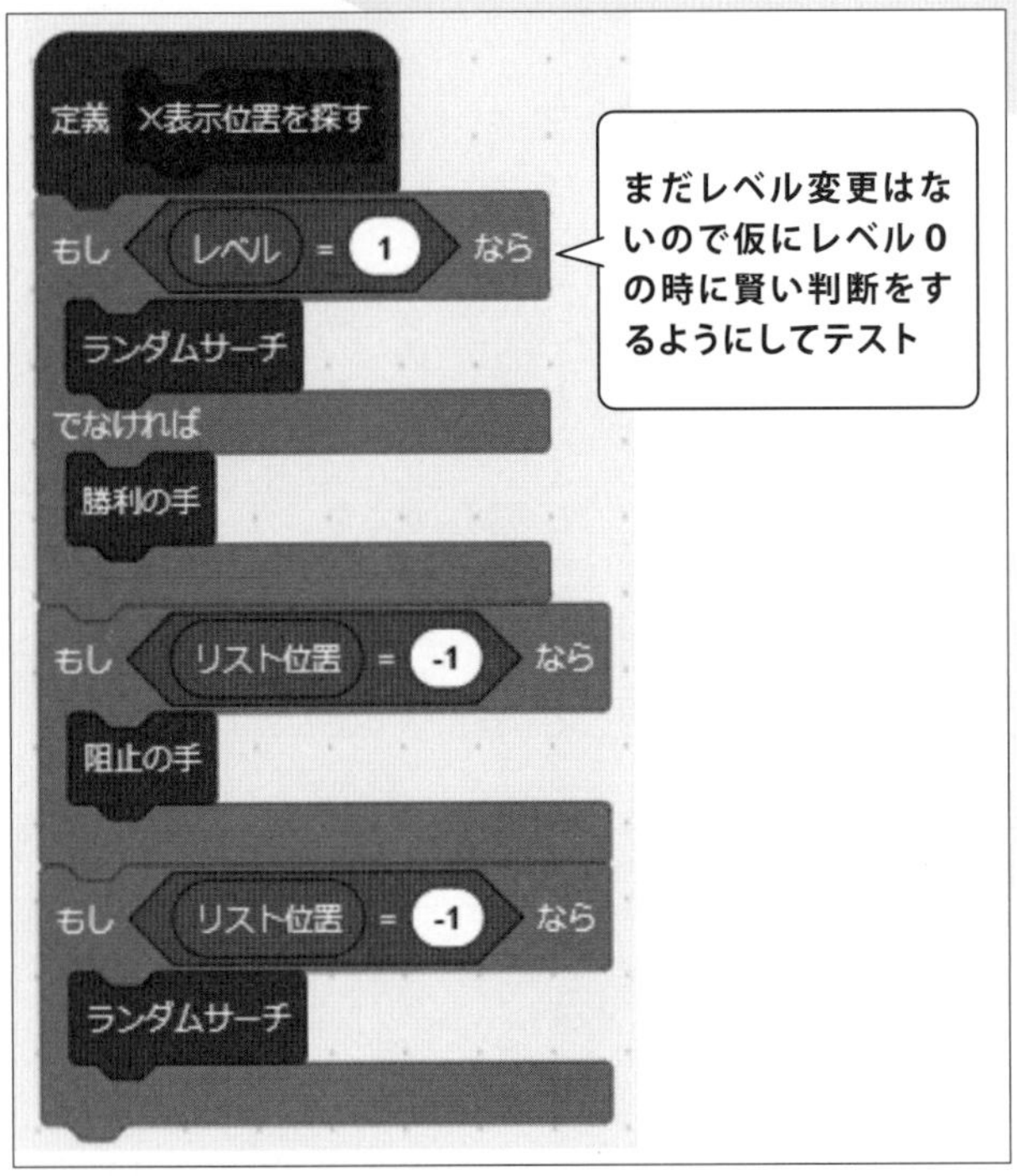

【図9】×表示位置を探す（仮バージョン）

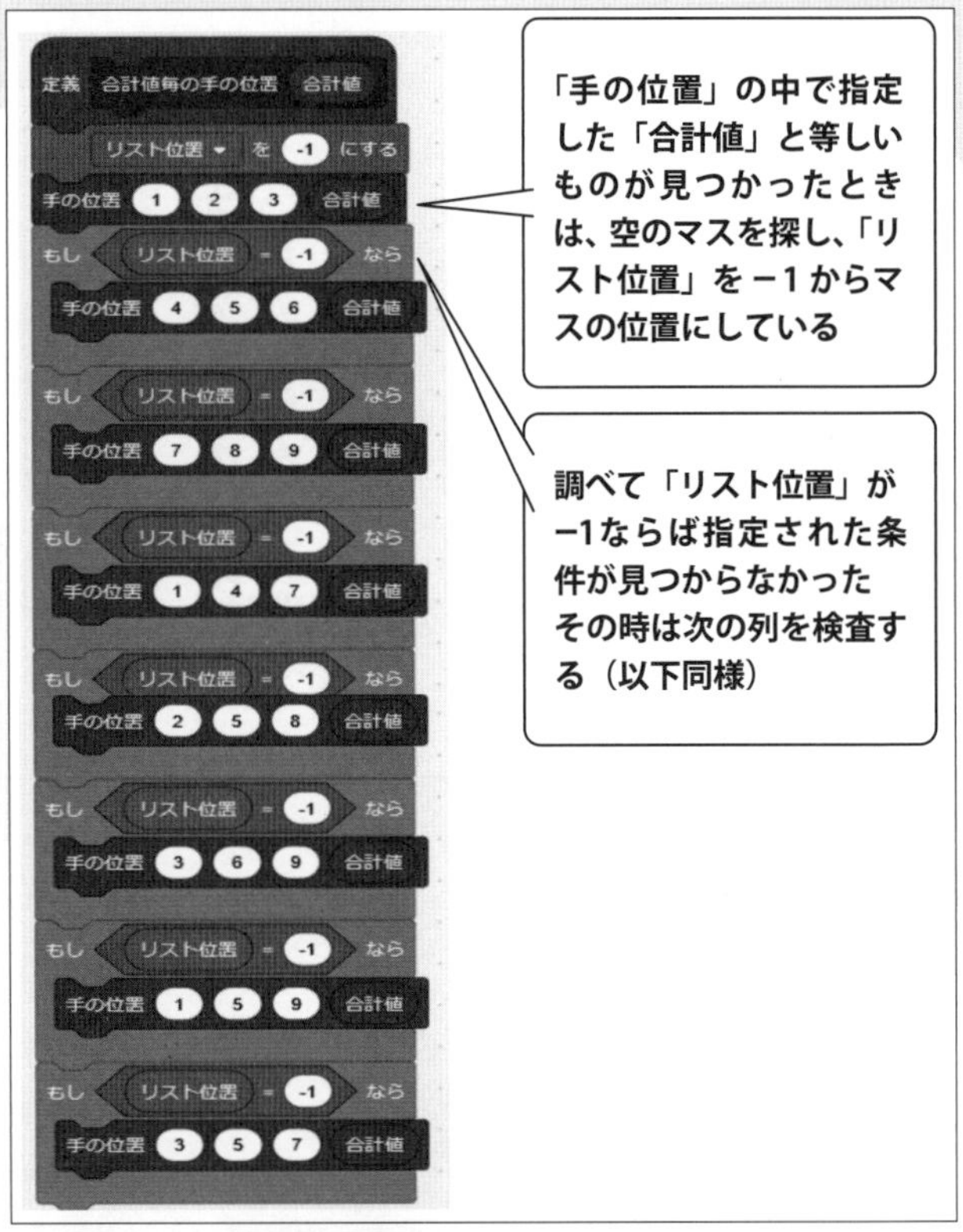

【図10】合計値毎の手の位置を見つける

る」ブロックを作り、合計が－2だったときに「空きマスを探す」ブロックに渡して、リスト位置に結果を返すようにしよう。最終結果はランダムサーチの結果と同じで「リスト位置」変数に見つけた位置を渡せばいいんだ**【図10】～【図12】**。

らくらく先生：よさそうだね。これから先は少し難しくなるので、細かい部分は図をよくみて、あとでチャレンジしてみてね。

ラム：ありがとうございます。いただいた資料を参考にしてプログラムを作ってみます。

ログ：コンピューターのレベルを上げたら、新しいスプライトを作ってレベルをコントロールできるようにしたいと思います。

完成版URL
https://scratch.mit.edu/projects/993280743/

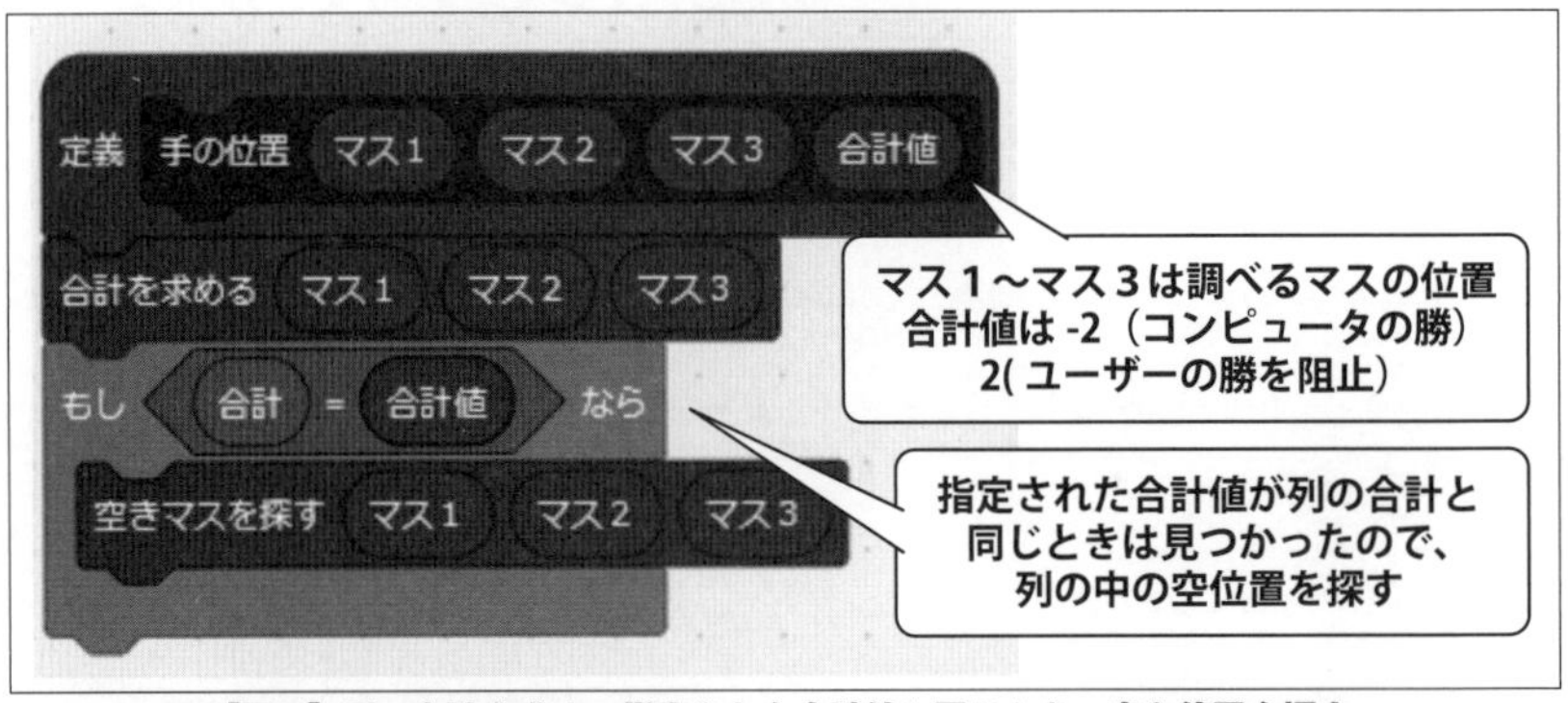

【図11】列の合計を求め、指定された合計値と同じとき、空き位置を探す

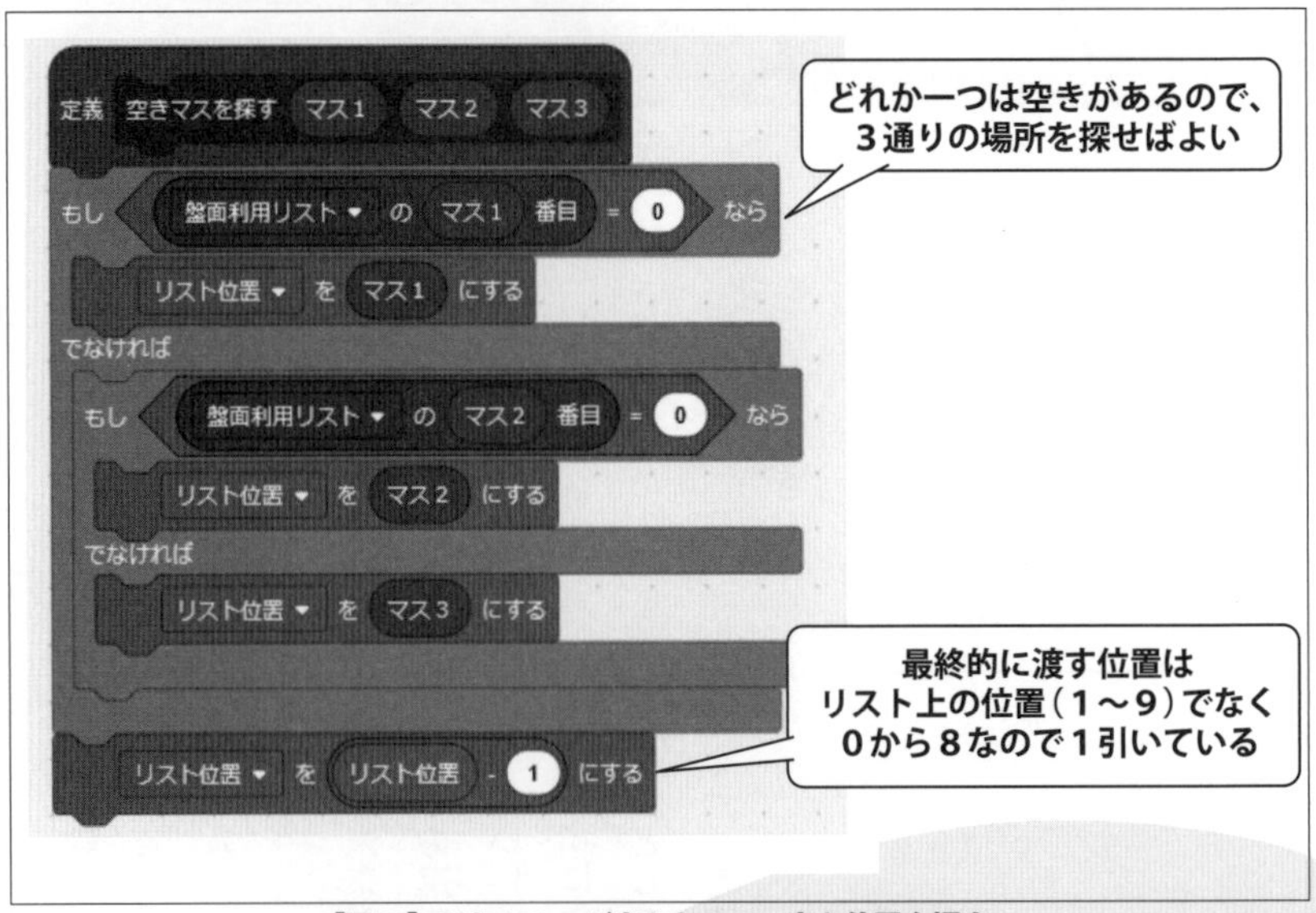

【図12】どれか1つが空きなので、空き位置を探す

このページは79ページから読んでください。

ラム：「×表示位置を探す」だと思います。ただ、このバージョンではレベルがゼロに固定されたままなので「ランダムサーチ」処理では、単に空いているマスを探しているだけになっていますね**【図7】**。

らくらく先生：そうだね。では、君たちはどう考えて○をマスに置いているのかな。

ラム：まず自分が勝つ可能性のあるマスが見つかれば、そのマスに置きます。次に相手が勝つマスがあれば、そこに置いて阻止します。それ以外は中央や角を取りますね**【図8】**。

らくらく先生：では、コンピューターが勝つにはどうすればいいと思う？

ログ：コンピューターが×を置く前に、合計が－2になっているマスのリスト配列を見つけ、その隣の空いているマスに×を入れればいいと思います。

ラム：つまり、－1と－1と0（ゼロ）のリスト配列（○と○と空きが並んだ列）が見つかった場合、合計は－2になるから0（ゼロ）のマスにコンピューターが×を置けばいいのね。

ログ：同様に考えて、合計が2になる並びを見つけた場合、これはユーザー側が勝つ手ということなので、コンピューターが阻止しなければだめだよね。

ラム：こうやって考えるとコンピューターが必ず勝ってしまうんじゃない？

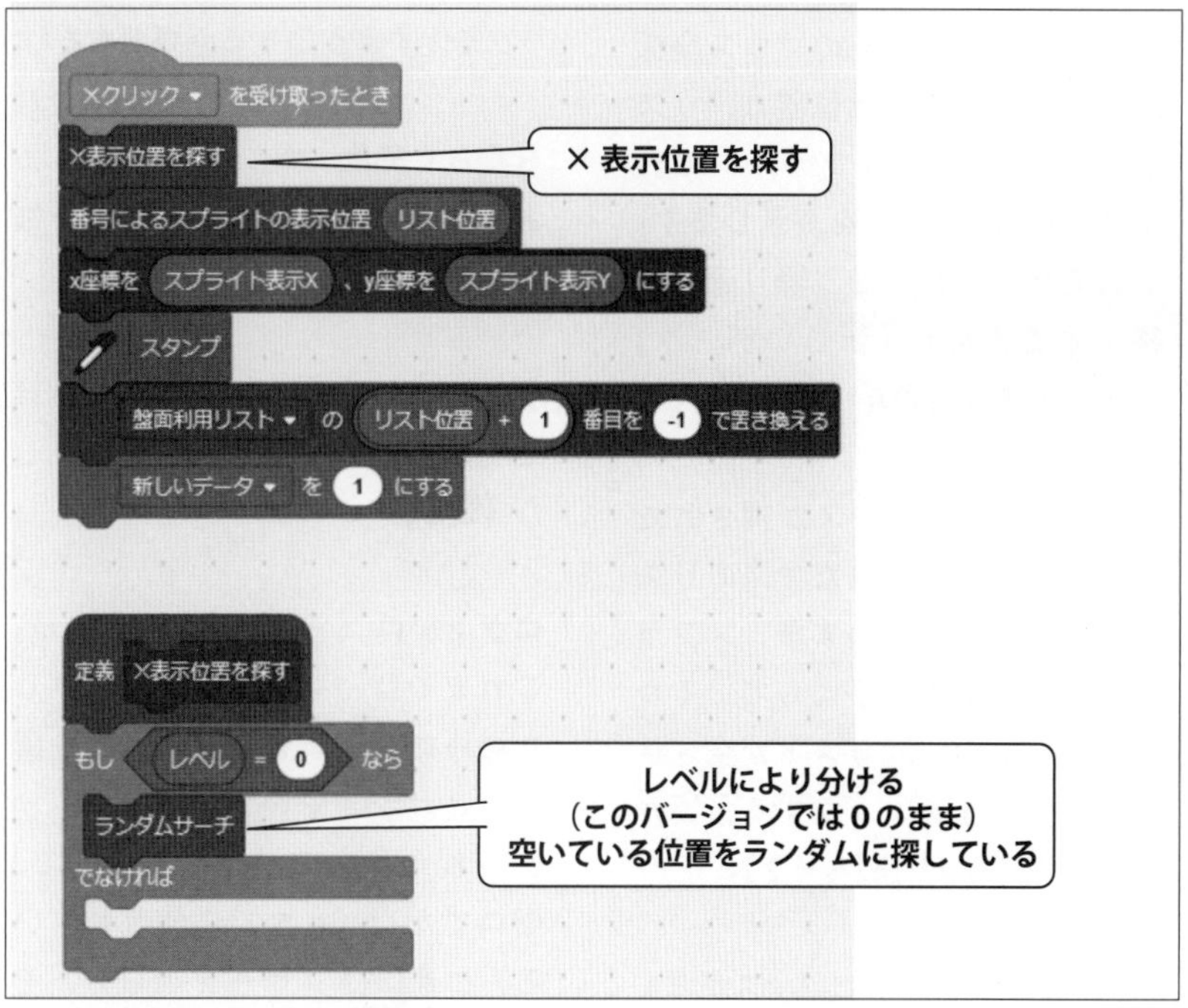

【図7】コンピューターが×を描く位置

1. 自分が勝つ位置がある時
2. 相手が勝つ位置がある時
3. 伸びる位置がある時
4. それ以外

【図8】どの位置にさすべきか

ログ：ユーザーも同じように考えて手を決めているけど、どうなのでしょうか？

らくらく先生：そうだね。でも今回はユーザーの勝ちを阻止する場合以外で、どこに置くと勝つ確率が上がるかを考えてみてはどうだろう。

ラム：【図8】の3番目のことですね。

らくらく先生：ゲームの先行が君たちだったらどこにさすかな？

ログ：真ん中です。

らくらく先生：どうしてかな？

ログ：次の手をさすときに、縦、横、2つの斜めの方向に、自分の手が伸びる可能性が一番あるからです。

らくらく先生：そうだね。優位な場所をどのように探していけるかだね。まずはリスト配列の合計が－2になる部分を探す方法を考えてみよう。

ラム：横が3つ、縦が3つ、斜めが2つの8通りを網羅的に調べて、マイナスの合計値が－2になるところをまず探します。あった場合は、その組みあわせのなかの空欄のマスを取得するようにします。

ログ：よさそうだね。じゃあ、その処理のブロックの名前を決めよう。「勝利の手」と「阻止の手」なんてどうかな？ 実際には合計値が－2は勝利、2は阻止になるんだ**【図9】**。

ラム：よさそうですね。

ログ：次は「合計値毎《ごと》の手の位置」のブロックのなかに「合計を求め

スが押されると、そのマウス座標から、画面上の表示位置と、リスト番号を求め、○スプライトの表示位置を計算し、○を表示します。それをネコに知らせ、繰り返しを終了するために「新しいデータ」を１にします【図4－1】。

ラム：そっか、マウスが押されたときに、その押されたマスのリストの内容を調べないまま、スプライトを表示するようにしているからいけないのね。リストが空き状態かどうかをチェックする必要があったんですね【図4－2】。

ログ：そうだね。すでにマスが埋まっているときはブザーを鳴らすなどの処理を追加して、再度マウスクリックを促すようにする必要があるね。

らくらく先生：だいたいわかったようだから、ここまでの部分を修正してみよう。

ラム：まずは「ゲームの勝ち負けを判断」の重複部分を削除しました【図5】。

ログ：次はユーザー処理ですね。これまでは、マウスをクリックした場所にそのままスプライトを置くことができていたので、クリックされたマスのリストを調べて、ゼロでない（＝すでに使われている）ときにはブザーを鳴らし、そのマスには表示できないことを通知するようにしました【図6】。

らくらく先生：いいね。これで重複部分は削除され、バグも修正できたので、コンピューターが少し弱い設定だけど、とりあえずこの○×ゲームは完成としよう。あとで何度かゲームをやってみて、問題がないかを調べてみてね。

コンピューターレベルを上げて楽しもう！

ラム：先生、やっぱりコンピューターのレベルを少し上げたいんですけど……。

らくらく先生：少し難しくなるけど、考え方だけみていこうか。まずコンピューターがどこに×を置くのかを決めているのはどの部分かな？

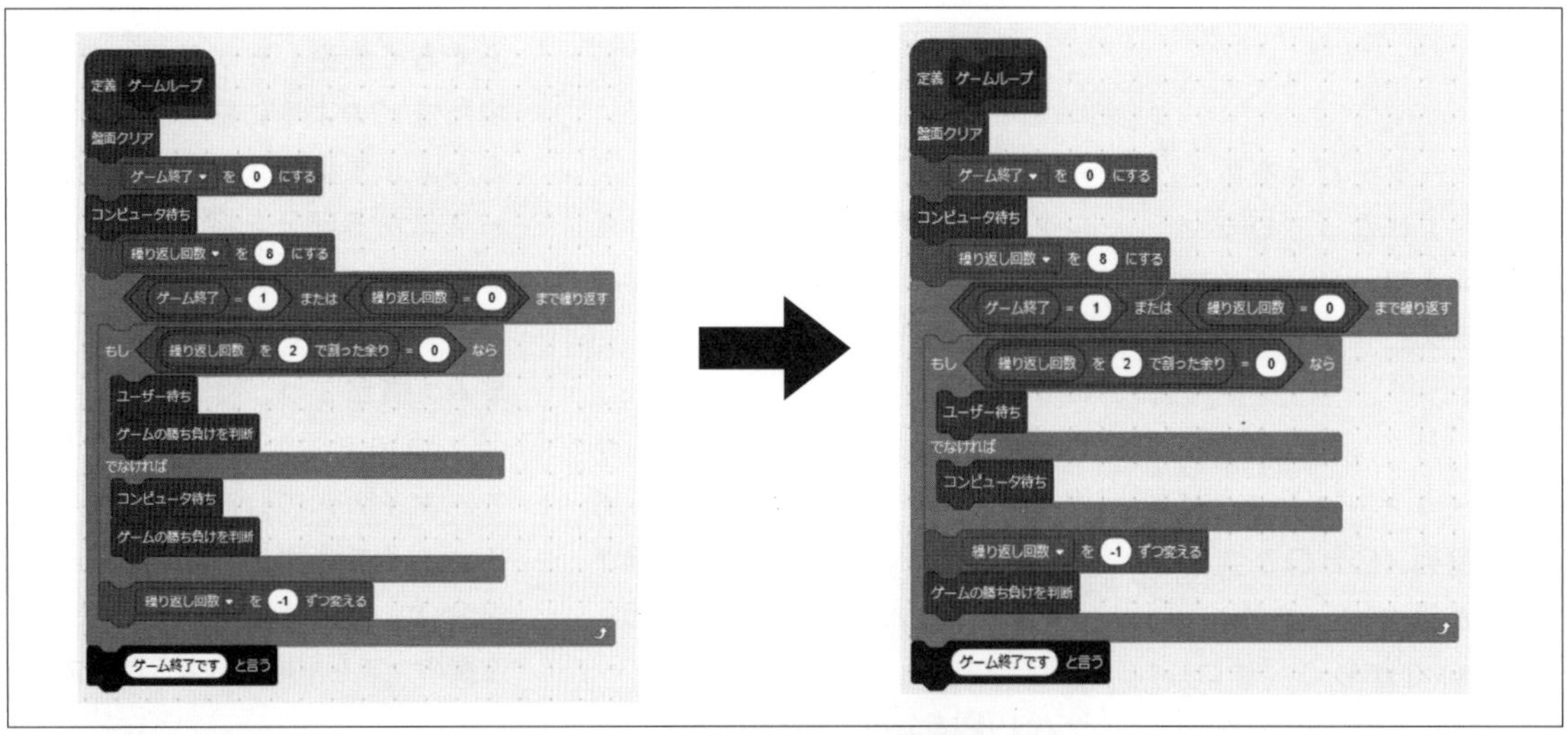

【図５】重複部分の削除

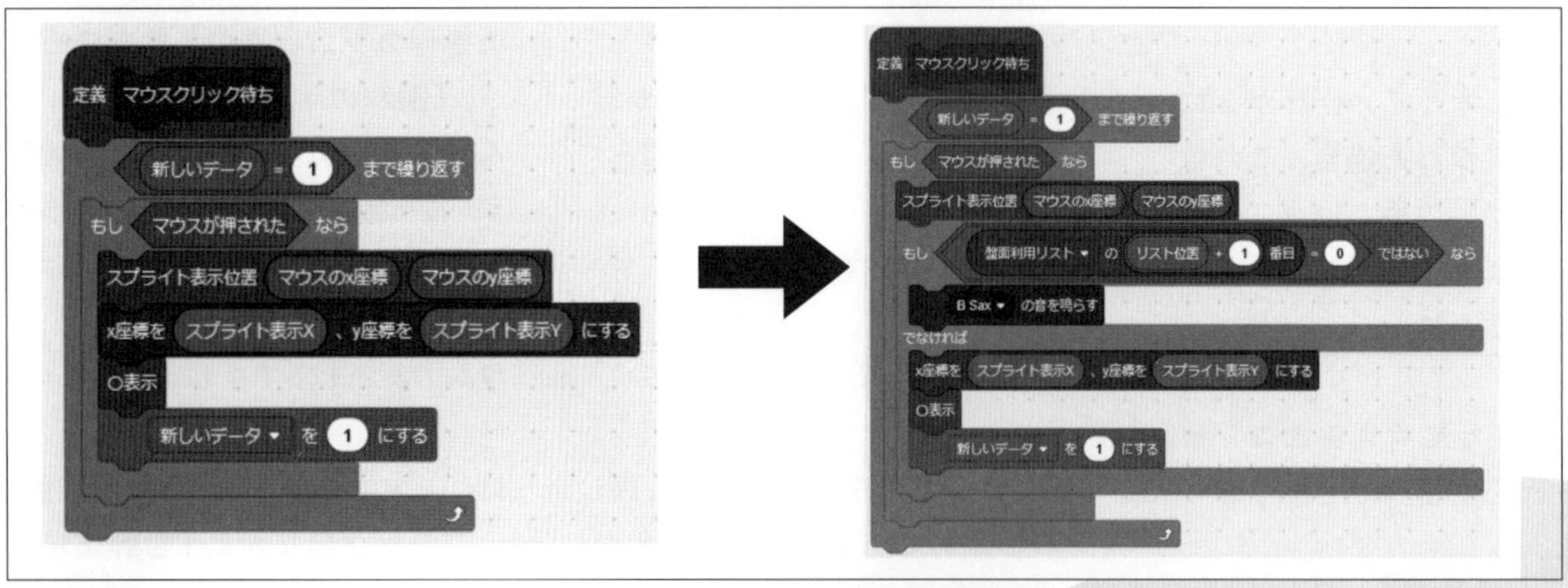

【図６】すでにデータがある位置には描かない

75 ページ本文につづく ➡

このページは79ページから読んでください。

くないと教えてもらった気がするの。「勝ち負けを判断」が2カ所に書いてあるから、これは1つにまとまらないかな【図3－4】。

らくらく先生：いい指摘だね。これもバグといっしょに修正しよう。

バグと重複を修正し プログラムを完成させよう

ラム：ここまでみてきた印象では「ユーザー待ち」の処理のなかにバグの問題がありそうな気がするわ。

ログ：次に「コンピュータ待ち」のなかをみてみよう【図3－5】。「新しいデータ」をゼロにしているね。これはコンピューターの処理のなかで、新しい手の位置が決まったとき、ネコに状態を知らせるために使っているんだったよね。ネコは「コンピューターが×を描きます」と画面に表示して、コンピューターにイベント「×クリック」を送る。コンピューター側ではこのイベントを受けて位置を決めているんだ。そして表示が終わると「新しいデータ」をゼロから1にしている。

「ユーザー待ち」の処理も同じだね。違うのは、画面に表示する文字列とイベントが「マウスクリック待ち」なだけだ。

らくらく先生：いいね。では問題のある、ユーザーのスプライトの説明に移ろう。

ラム：まずは問題のあるユーザー処理をみてみたいです。

ログ：ユーザーは「新しいデータ」が1になるまで繰り返す操作のなかで、「マウスが押された」があるまで繰り返しを待ちます。マウ

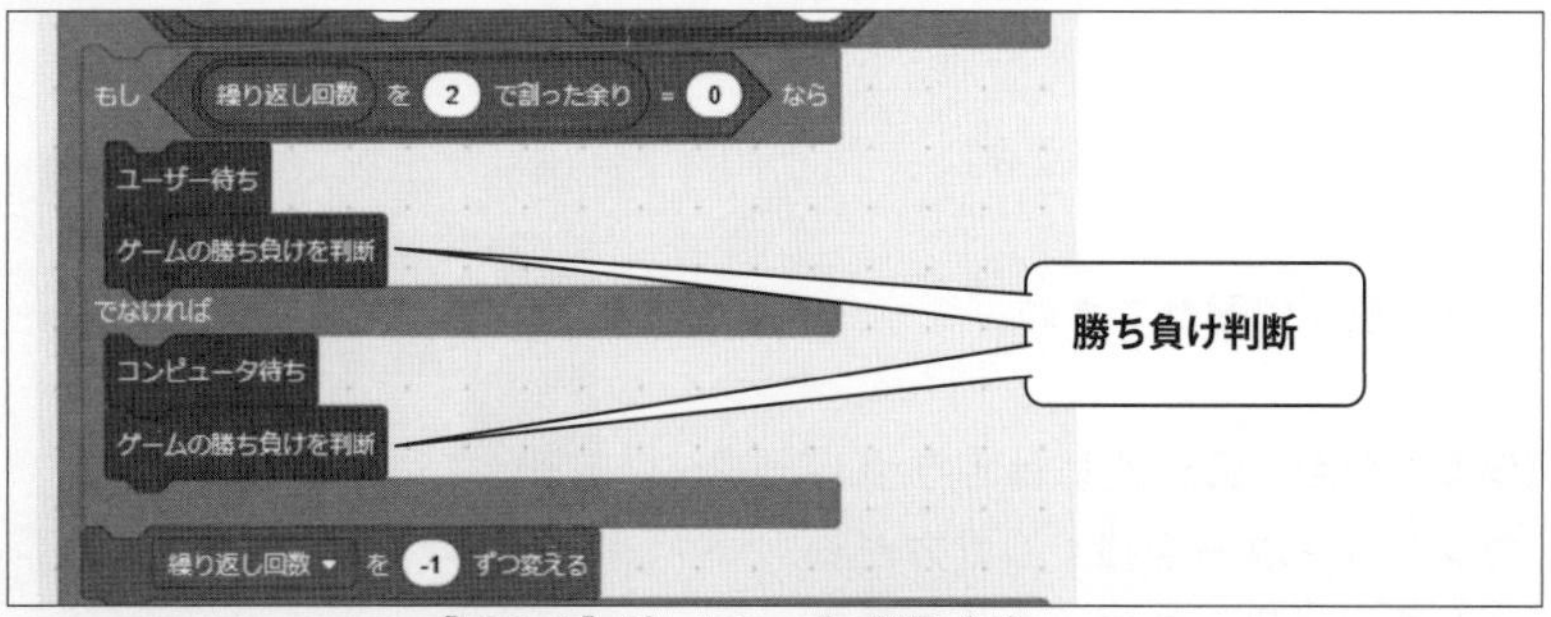

【図3-4】ゲームループの説明（4）

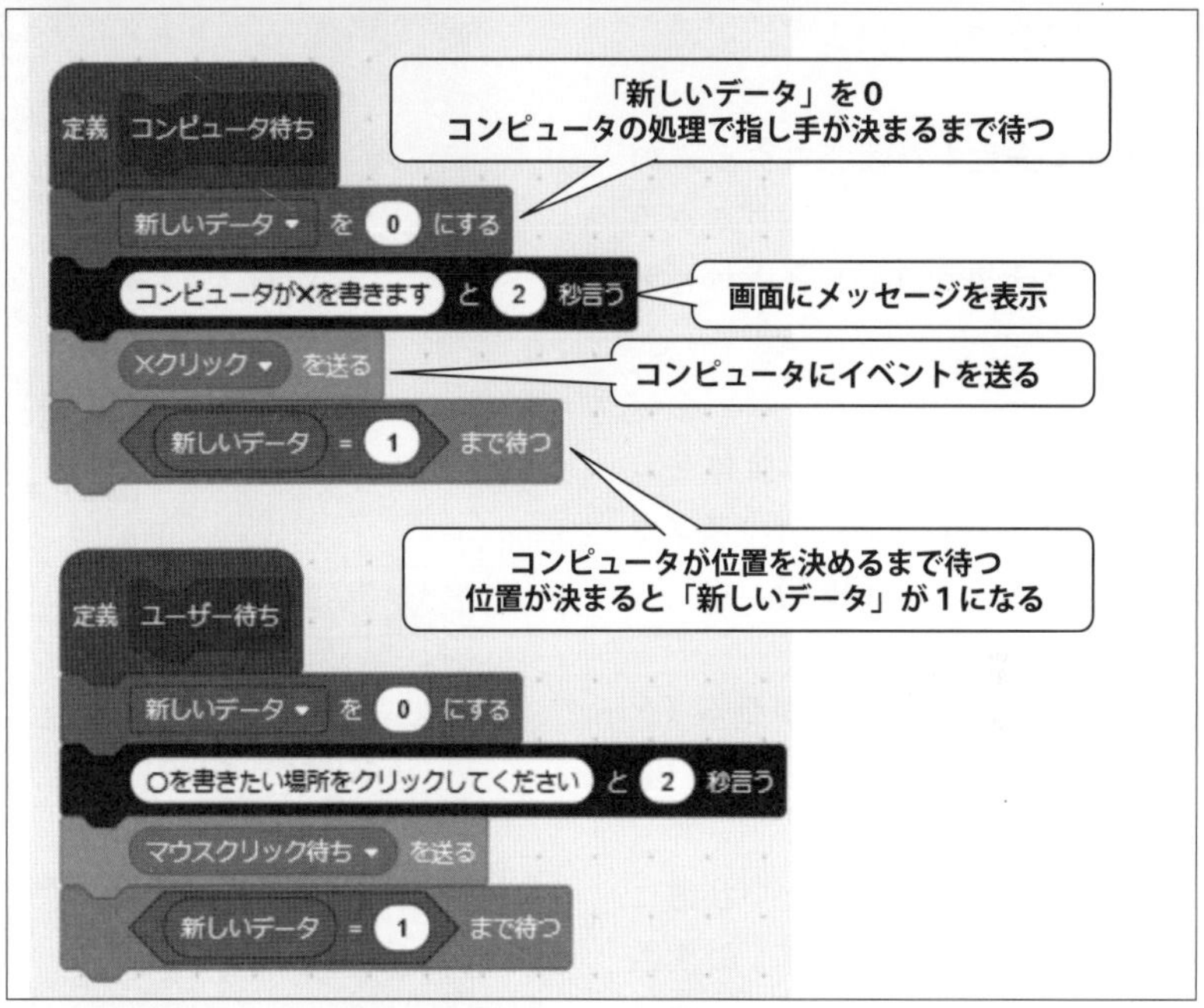

【図3-5】ゲームループの説明（5）

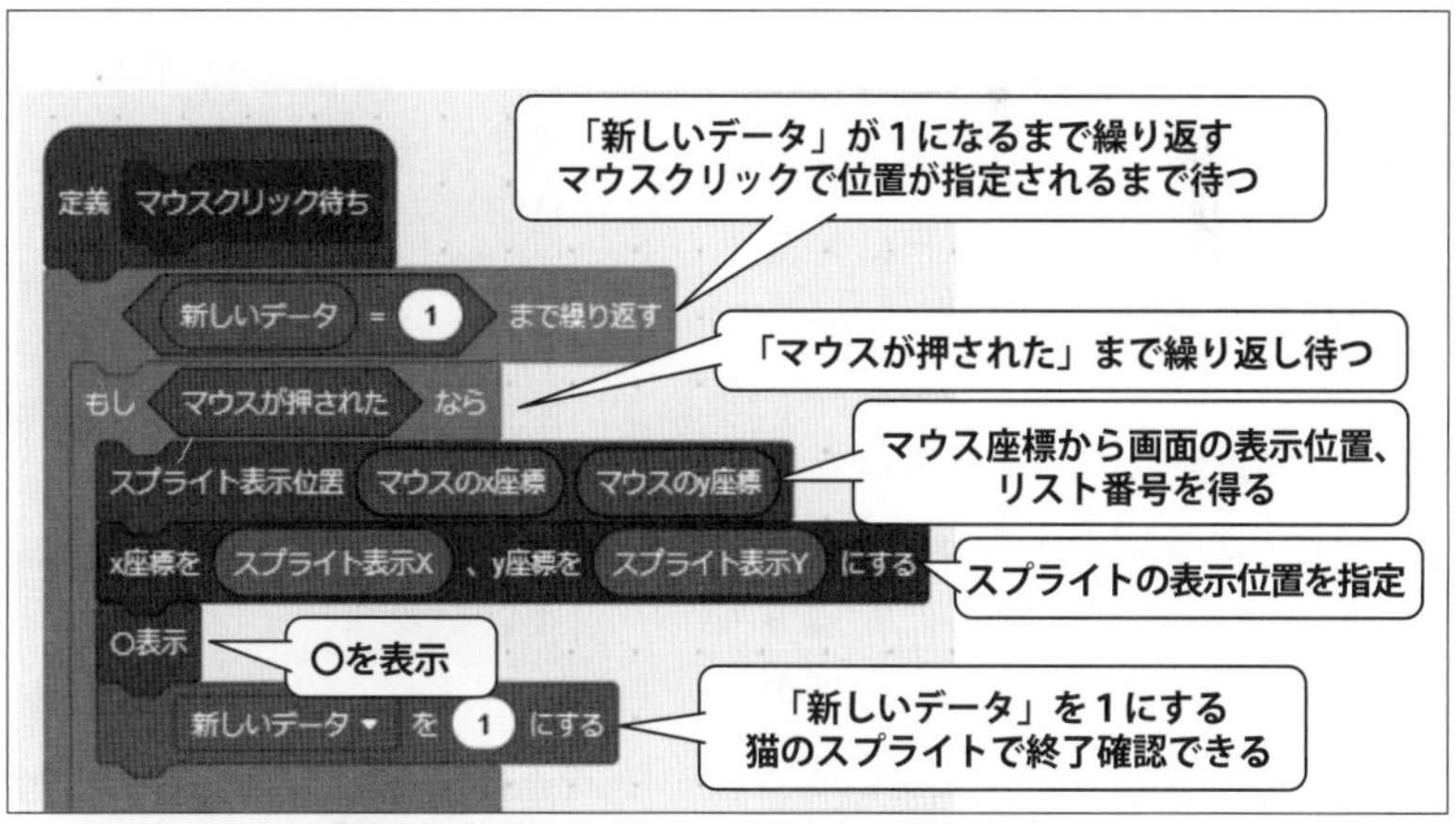

【図4-1】「マウスクリック待ち」の説明（1）

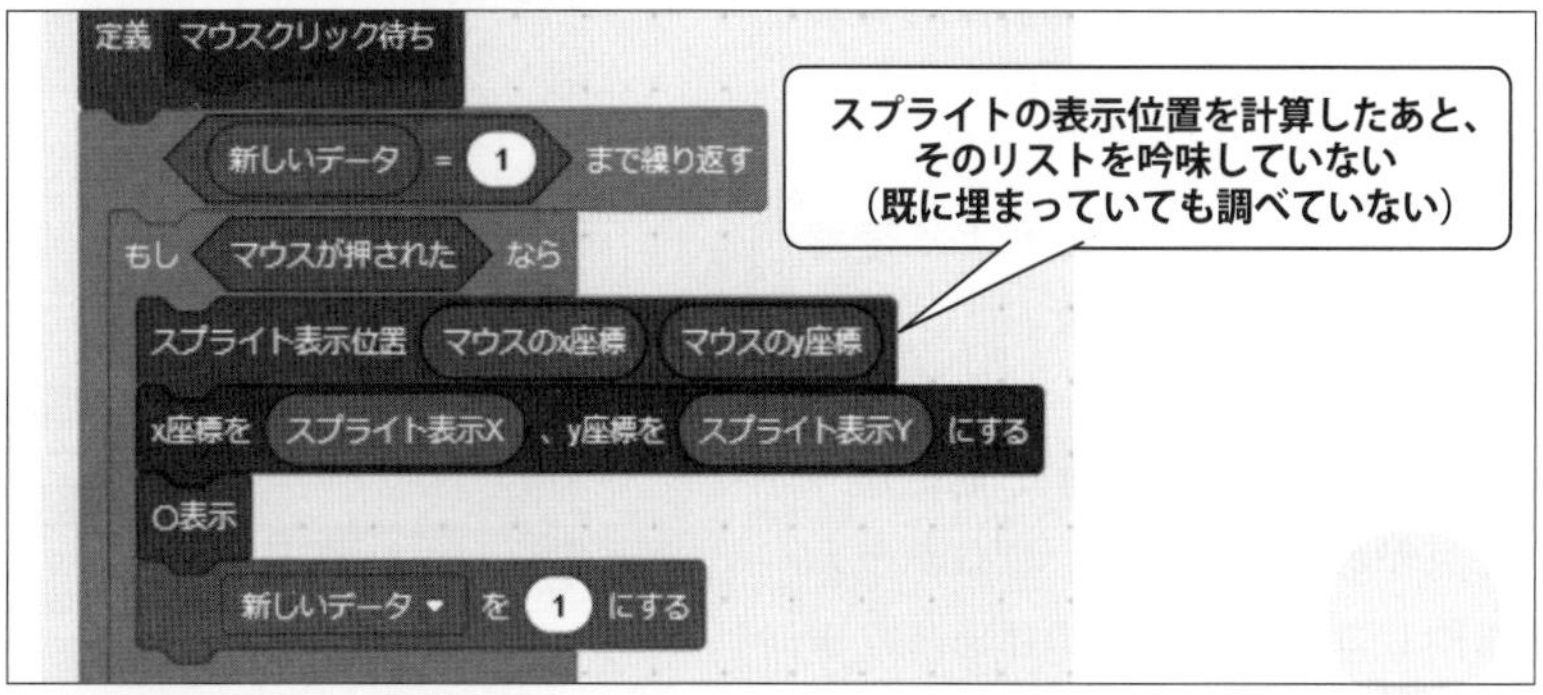

【図4-2】「マウスクリック待ち」の説明（2）

理解しやすくなると思うよ。

ログ：急がば回れですね。

ラム：今回、最終的にはもう少しコンピューターを強くした方がおもしろいと思うので、全体の見直しは役に立つと思います。

らくらく先生：ではプログラムの確認をしていこう。このプログラムで最も大事なスプライトはどれかな。

ログ：プログラムの流れ全体をコントロールしているネコのスプライトだと思います**【図2】**。

ラム：じゃあそのプログラム（ゲームループ）を順にみてみます**【図3－1】**。

まずは画面をなにもない状態にして、次に「ゲーム終了」の変数をゼロにする。この変数がゼロでなくなるとゲームは終了ということよね。そして前回までのプログラムではコンピューターが先行だったので、コンピューターに×を描かせたのよね。

ログ：次に残りのマスは８個なので「繰り返し回数」を８にする。そして次からが繰り返しだ。途中で勝ち負けが決まるか、すべてのマスが埋まるまで繰り返すわけだ。それぞれの手が終わるとゲームの「勝ち負けを判断」の処理が実行される**【図３－2】【図３－3】**。

らくらく先生：２人ともよく理解しているね。すごいよ。

ラム：ここまでみてきて気になった点があるわ。以前、プログラムに同じコードがあるのはあまりよ

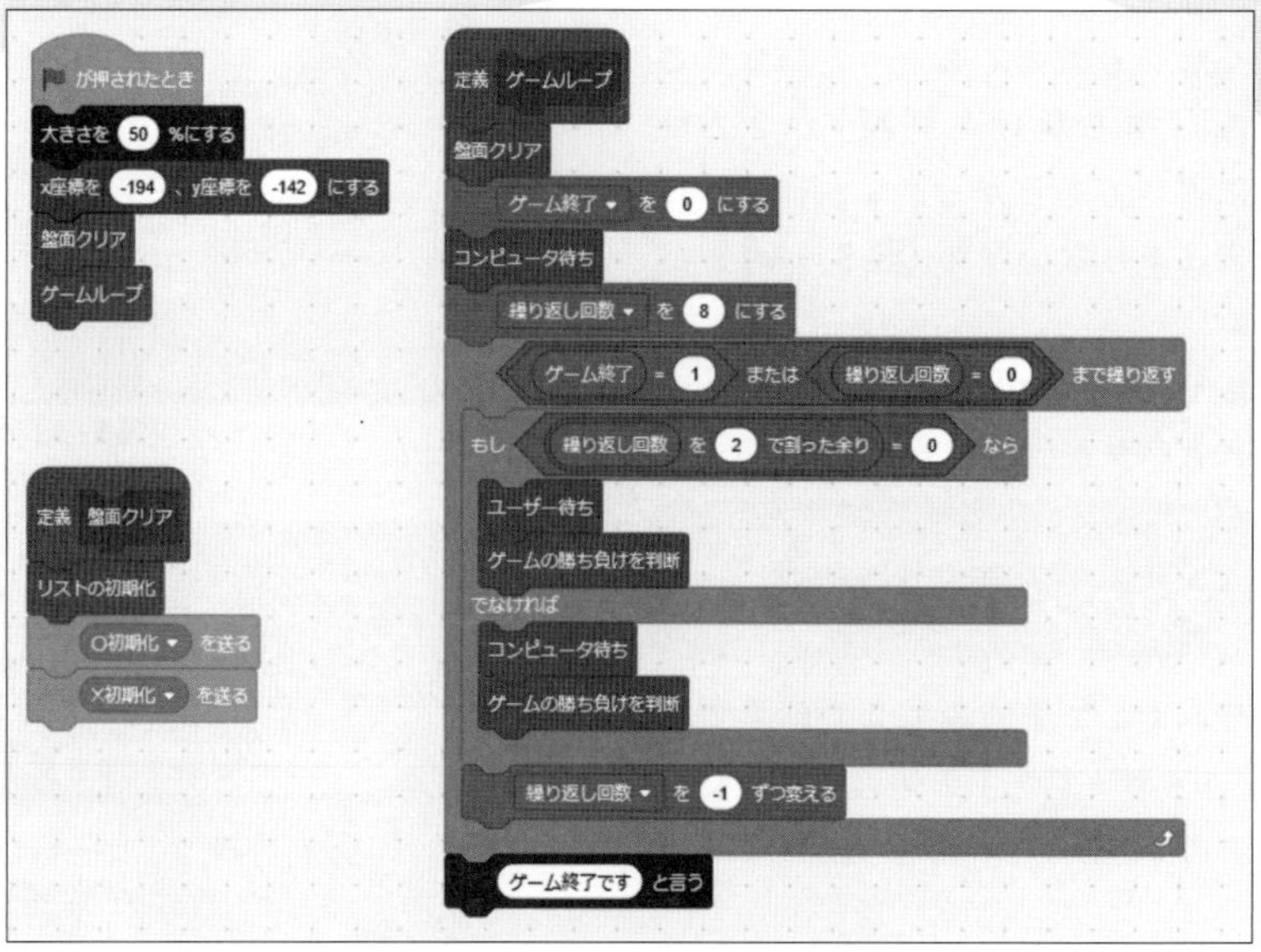

【図2】ネコのスプライトの大きな流れ

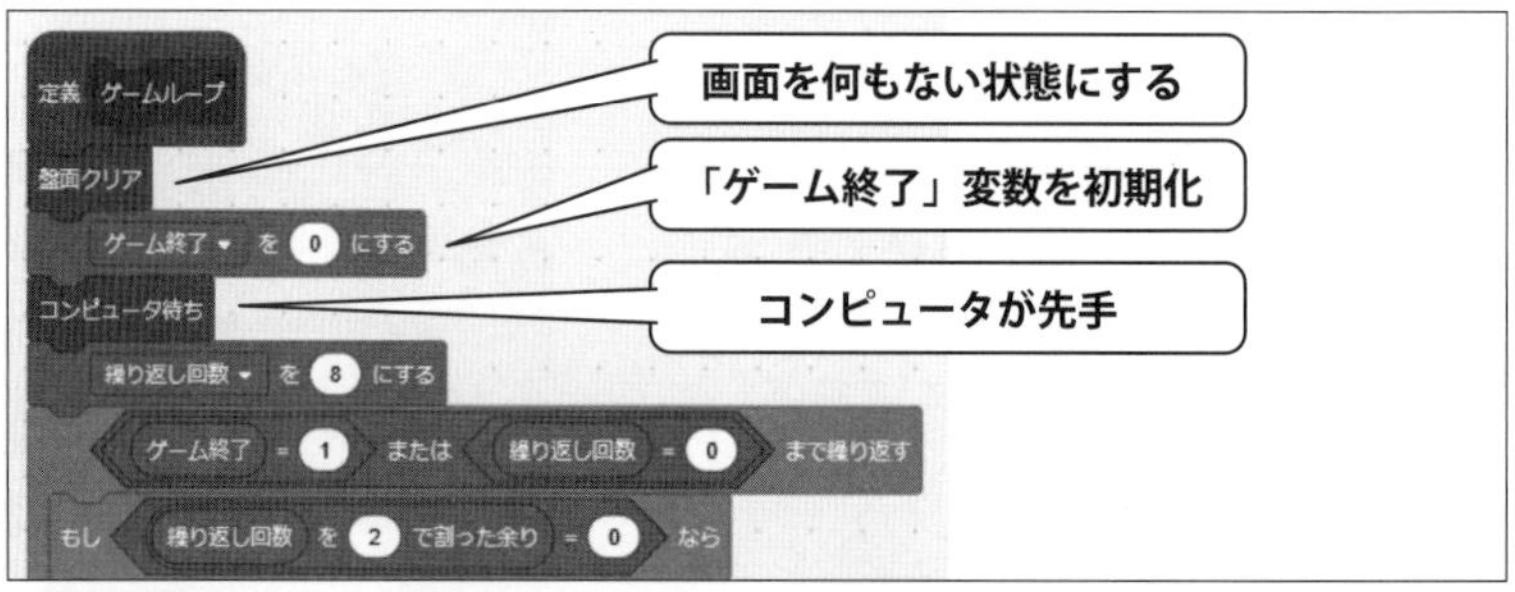

【図3-1】ゲームループの説明（1）

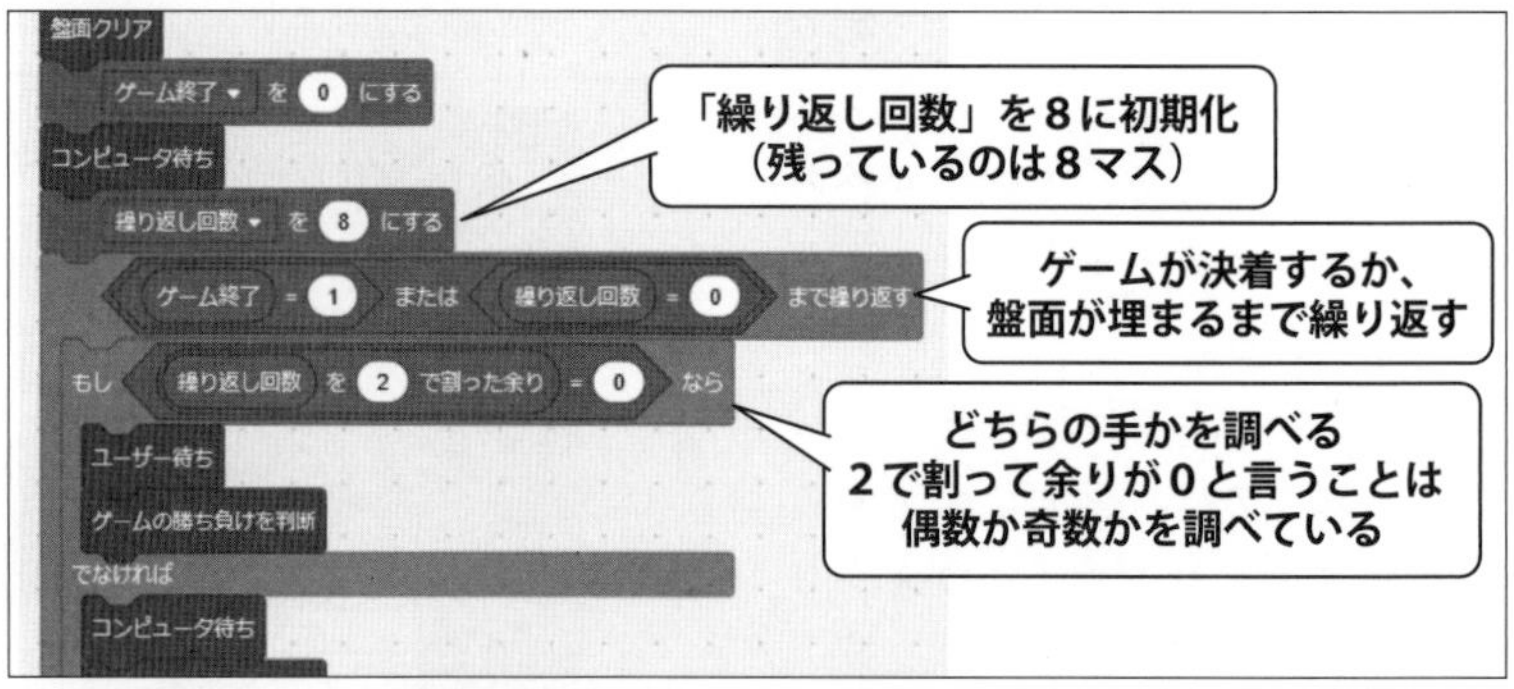

【図3-2】ゲームループの説明（2）

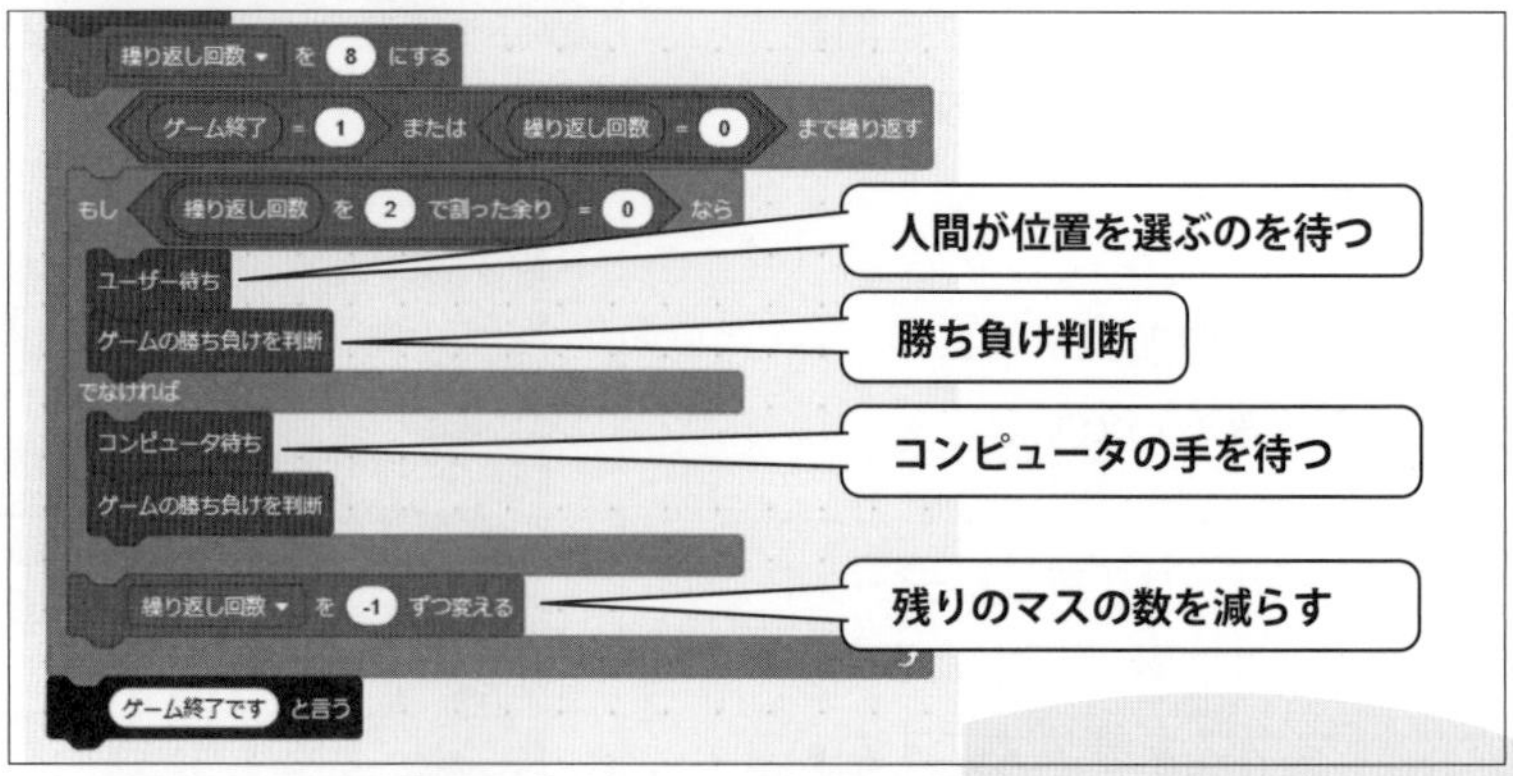

【図3-3】ゲームループの説明（3）

77 ページ本文につづく ➡

for 中学生
らくらくプログラミング

プログラミングトレーナー　あらき はじめ

第17回

プログラム作りは楽しいって、思えてきましたか。誌面のラムさん、ログくんも、その楽しさがわかってきたそうです。ラムさん、ログくんの疑問に、らくらく先生が答えながら、解説していきますので、みなさんも2人といっしょに楽しみましょう。

解説部分は下のQRコードからWebページに入れば、誌面とリンクした内容で、さらに学びを深めることができます。

URL : https://x.gd/glVk2

あらき はじめ　大学でプログラミングを教えていた先生。「今度は子どもたちにプログラムの楽しさを伝えたい」と、まだまだ元気にこの講座を開設。

画像：PIXTA

○× ゲームを作ろう②「バグの修正」

らくらく先生：今回は前回（4月号）の○×ゲームを完成させよう。

ラム：先生、私、前回作った○×ゲームでバグを見つけてしまったんです。まずはこのバグを修正したいと思うんですけど。

らくらく先生：どんなバグを見つけたのかな？

ラム：ユーザー側なのですが、次の手を置くときに、○も×も置いていない場所を選ぶようにしていましたよね。でも、前回のプログラムだと、すでにコンピューターが×を置いたマスも選べることがわかったんです。

ログ：それ本当？　ちょっとやってみるね……本当だ！これはまずいね【図1】。

らくらく先生：これはゲームの勝敗に影響するバグだから、早めに修正した方がいいね。どうしたらいいと思う？

ログ：コンピューターは事前にリストの内容（配列）を調べて、1や－1がないマスに×を置くようにしています。ということは、ユーザー側も、リスト配列に1や－1が記録されているマスに○は置けないことを示せばいいのではないでしょうか。

前回のプログラムを見直してみよう

らくらく先生：その通りだね。では、その処理を追加しよう。その前に、プログラム全体をもう一度見直しておこう。そうすれば修正箇所も

【図1】バグの再現

Why? What!

なぜなに科学実験室

この科学実験室は、みなさんと身の回りにある不思議に触れ、それをきっかけに科学に興味を持ってもらおうと開設されました。

じつは、日常のなかに隠された不思議は、つい「当たり前のこと」として見逃されがちです。

ニュートンはリンゴが木から落ちるのを見て、万有引力の存在に気がついたという逸話がありますが、その現象はだれもが目にしていたものですよね。身の回りで起こる現象を見て「あれっ、不思議！」「なんでこうなるの？」と首を傾げたとき、そこからさらに１歩進めて「考えてみる」ことがとても大切なのです。身の回りに落ちている科学の種を拾い上げることは、あなたが科学者への道を歩む第一歩をあと押しするかもしれません。

高く高く舞い上がるボール

みなさん、こんにちワン！「なぜなに科学実験室」の案内役で、みなさんに不思議な現象をご紹介するワンコ先生です。

今回は大小のボールを重ねて床に落としたときに起こる不思議な現象を取り上げるよ。小さい方のボールが想像を超えて高く高く舞い上がるんだ。

お友だちとチャレンジすれば楽しいひとときになるけど、室内では照明が破損するかもしれなくて危ないから、公園などアウトドアで挑戦してね。

ワンコ先生

1 用意するもの

❶バスケットボール（またはバレーボール、サッカーボールなど大きめのボール）
❷テニスボール
❸キーリング
❹はさみ
❺セロハンテープ

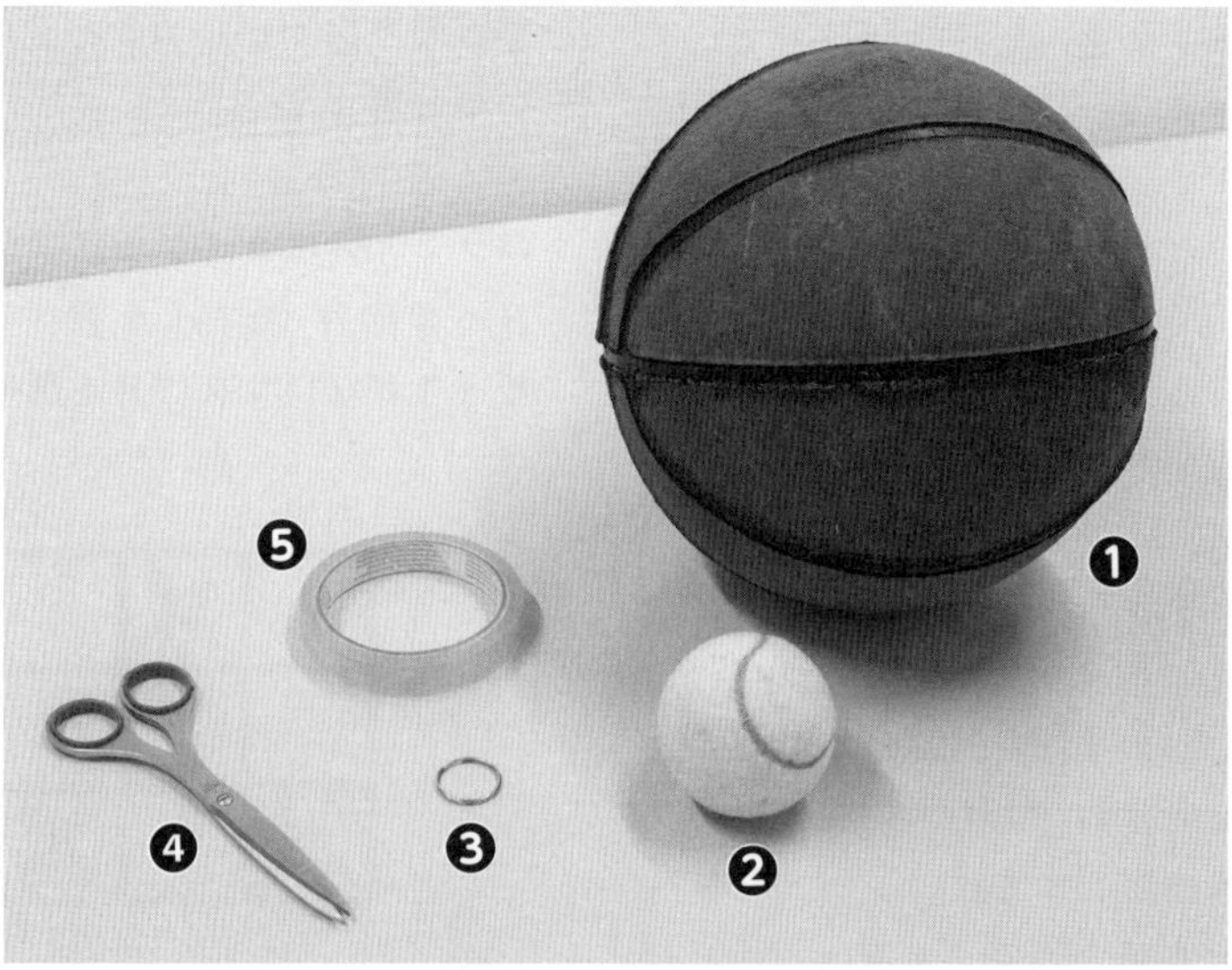

2 バスケットボールにリングを

はさみで切り取ったセロハンテープで、バスケットボールにキーリングを貼りつけます。

3 なぜ リングが必要かというと

このあと、バスケットボールに貼りつけたキーリングを支えにしてテニスボールを載せて安定させ、垂直に落下させる実験を行うからです。

4 バスケットボールだけを落とす

まずはバスケットボールだけを肩の位置から自由落下させます。どこまで跳ね上がるでしょうか。

5 床に落ち70㎝ほど跳ね上がった

自由落下させたバスケットボールは、床から70㎝程度跳ね上がりました。

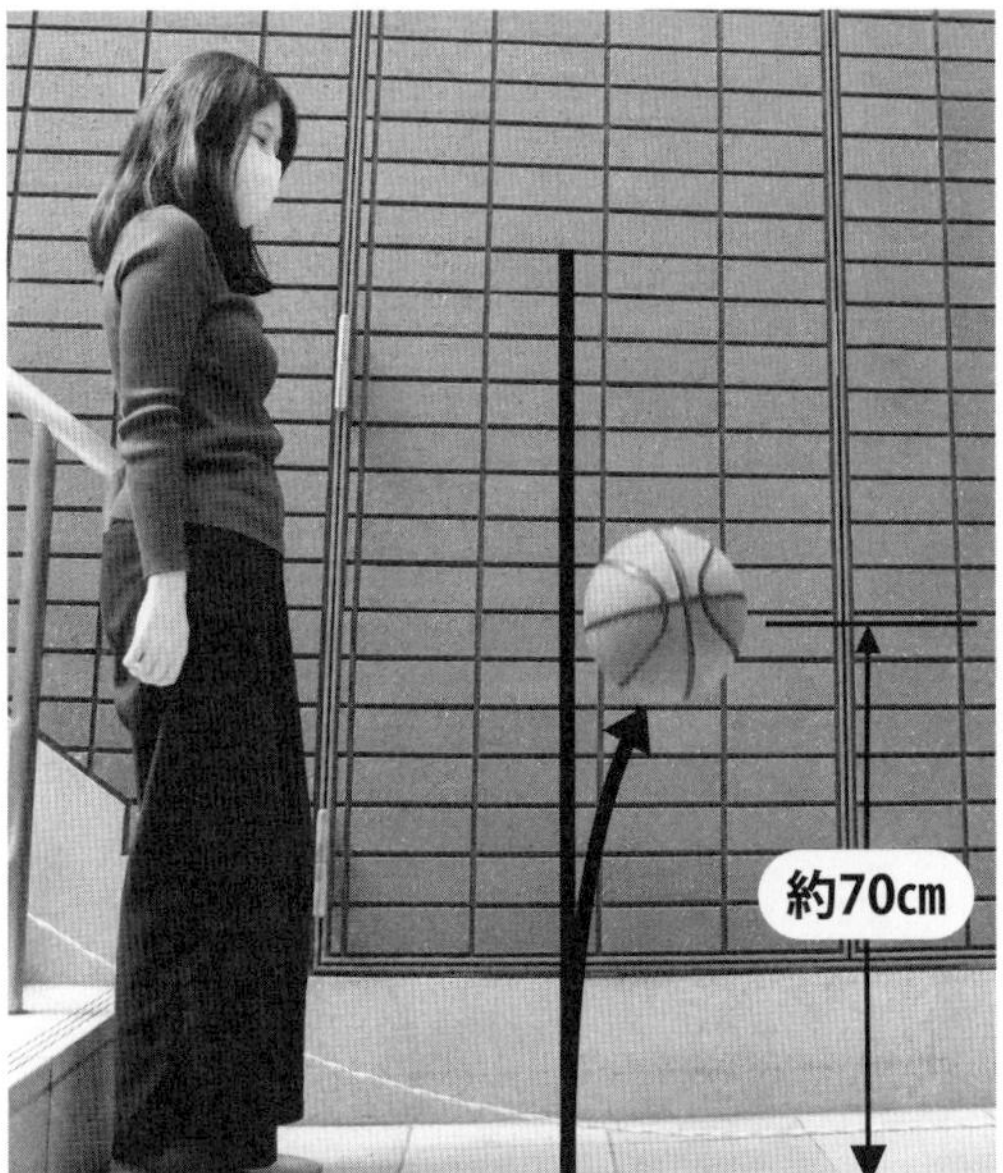

⑥ テニスボールだけを落とすと

テニスボールも単体で、肩の位置から自由落下させて、跳ね上がり方を観察します。

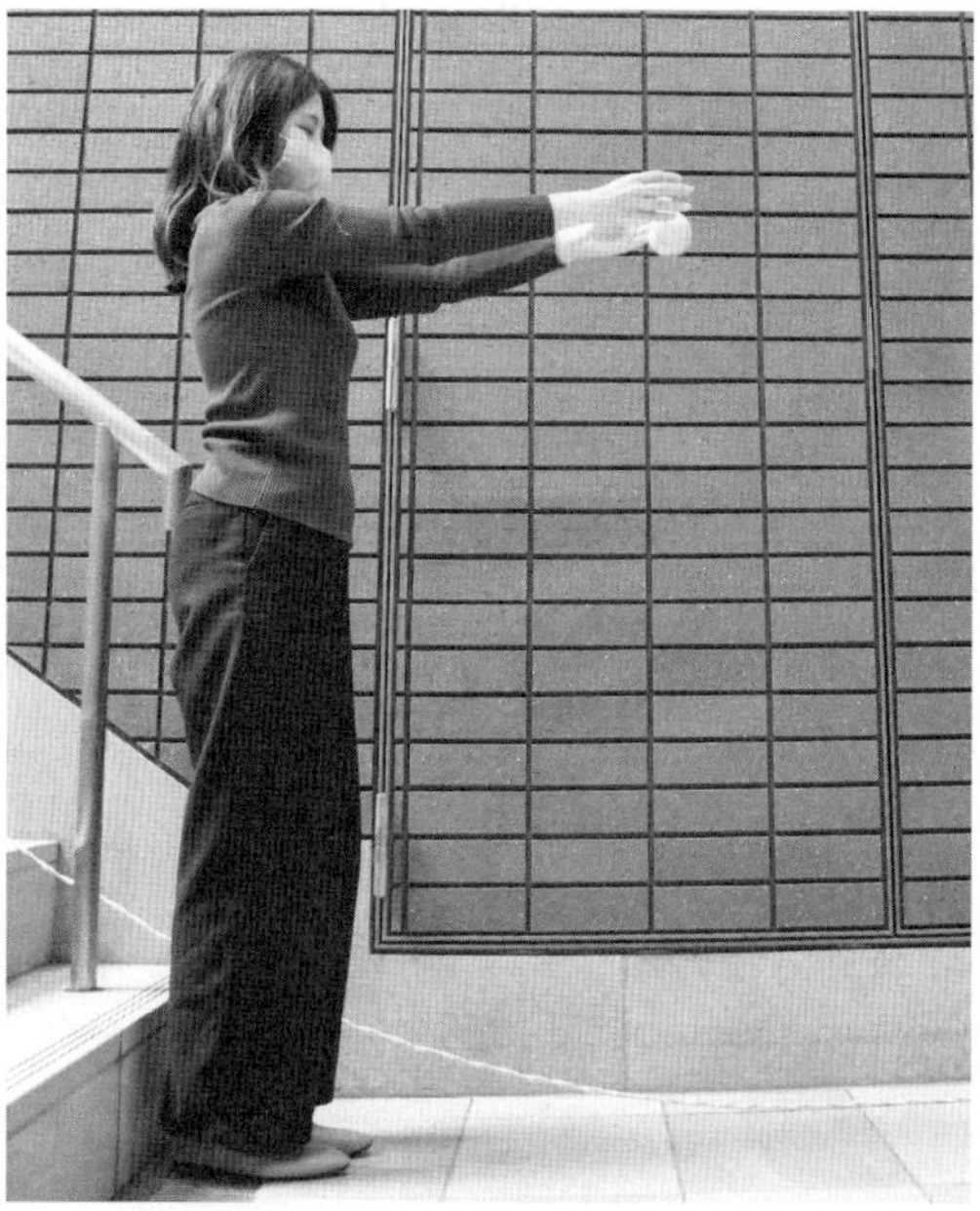

⑦ 同様に70㎝ぐらい跳ね上がった

テニスボールもバスケットボールと同じように床から70㎝ほど跳ね上がりました。

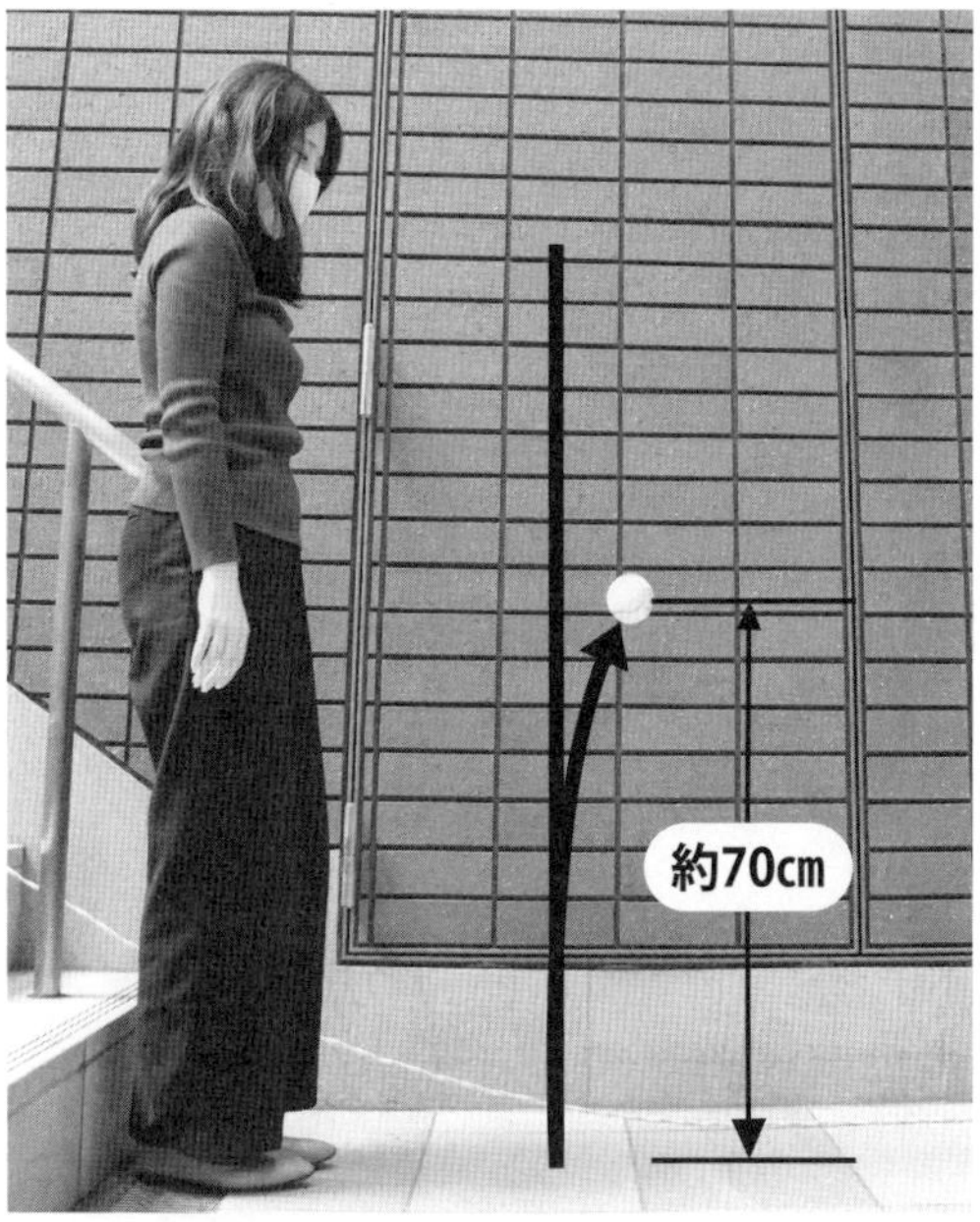

⑧ 大小のボールを落としてみる

バスケットボールとテニスボールを垂直に積み上げて、真下に自由落下させてみます。

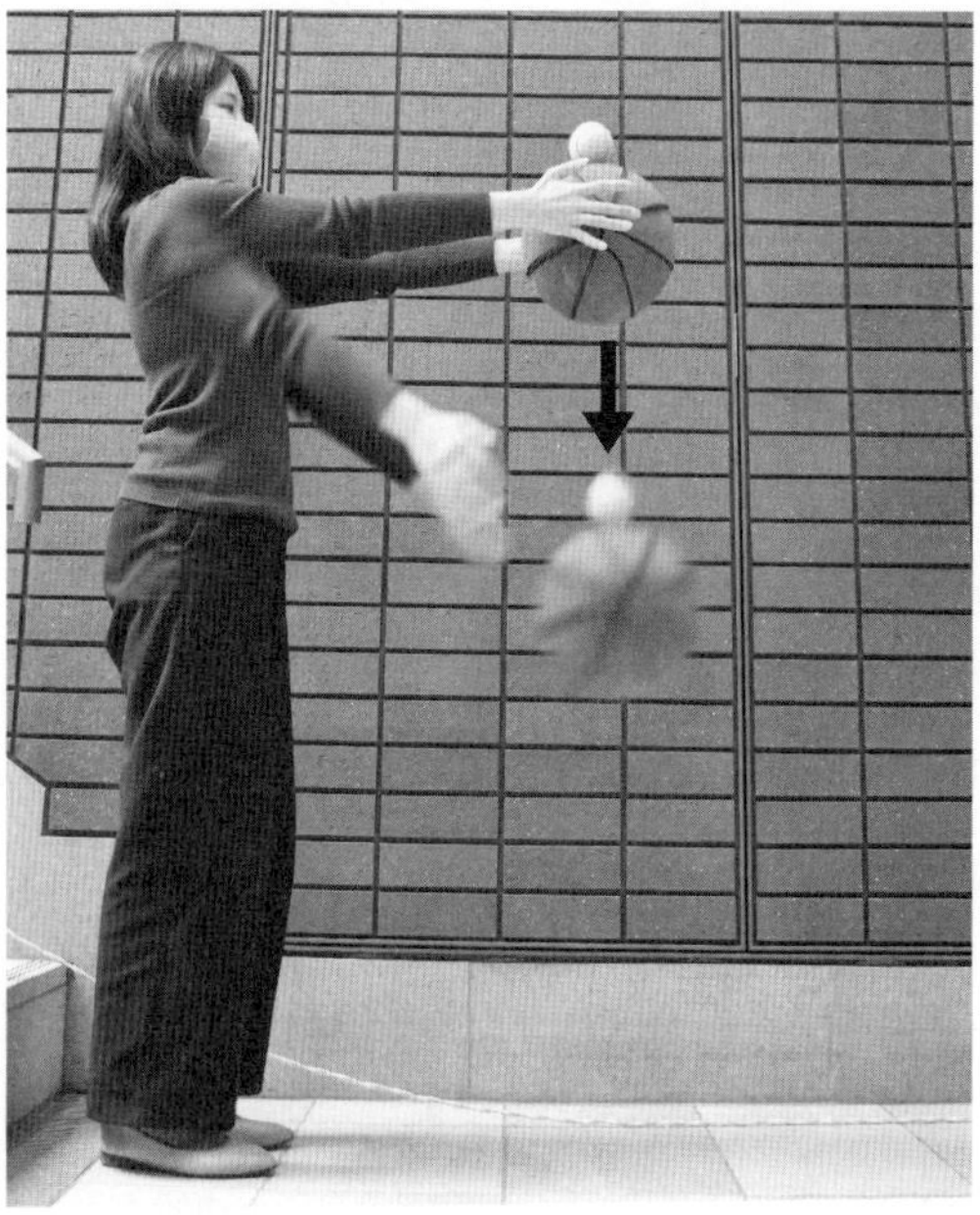

⑨ テニスボールが跳ね上がる

バスケットボールはあまり跳ねず、テニスボールだけが大きく跳ね上がります。

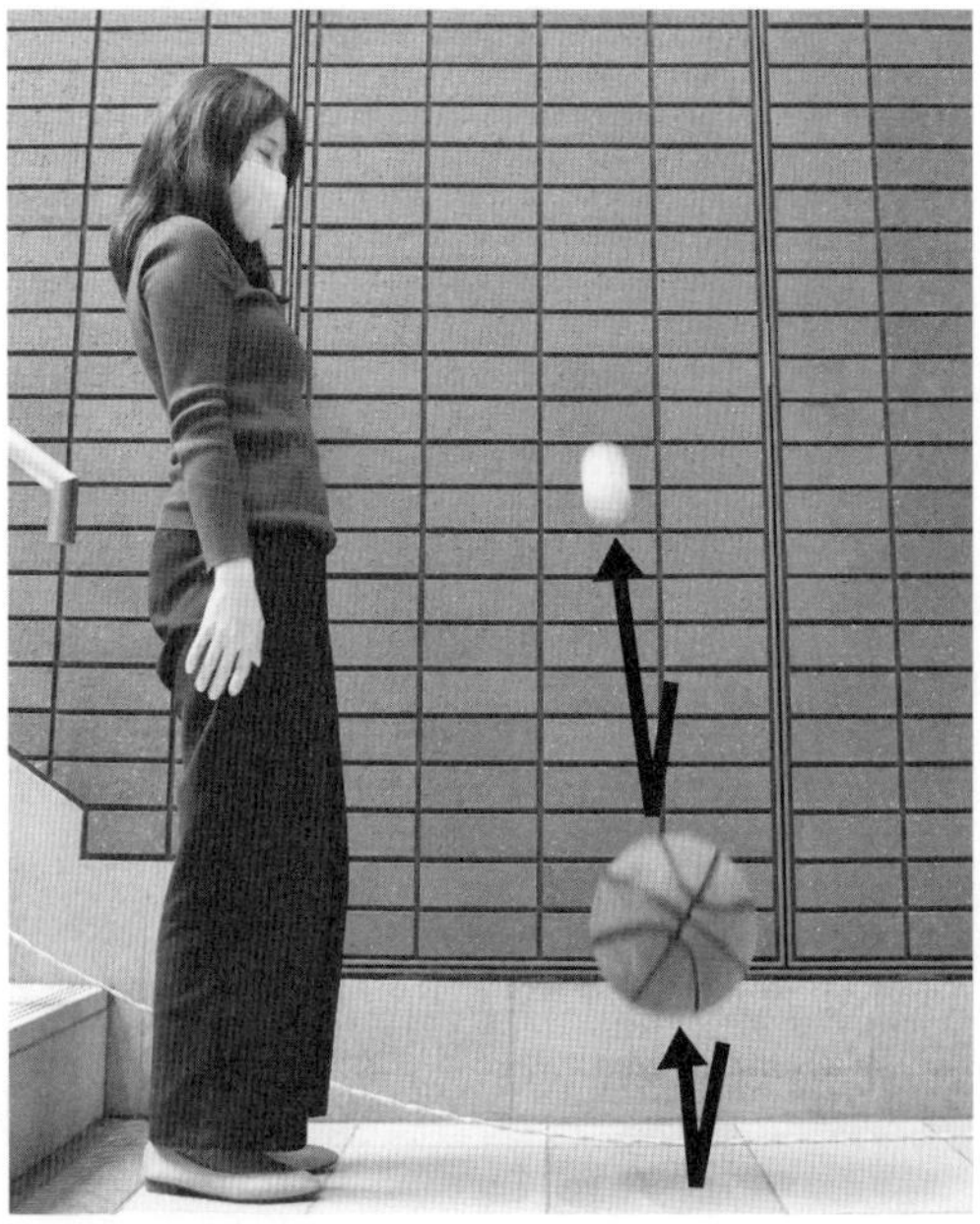

10 テニスボールは高く舞い上がる

テニスボールは、バスケットボールを置いてきぼりにして、さらに高く舞い上がります。

11 見上げるほど高く舞い上がる

テニスボールは高さにして4mほど、見上げるぐらいの位置まで舞い上がっていきました。

お〜すごいぞ！
どこまで
跳んでいくんじゃ

解説 「エネルギー保存の法則」が関係している

この現象は高校物理で学ぶ「エネルギー保存の法則」や「質点の力学」で説明できるのですが、中学生のみなさんに向けて、ここでは「弾性」に注目して説明します。

バスケットボールやテニスボールだけを落下させてから跳ね上がるとき、どちらも手を離した位置より高く跳ね上がることはありません。

しかし、この実験のテニスボールは、手を離した位置の何倍も高く跳ね上がるので、非常に不思議な感じがします。

“形が元に戻る”性質のことを「弾性」といいますが、ボールが弾むのは、「①ボールを形作っている材料(ゴム等)の弾性」と、ボールのなかが“中空”の場合は「②ボールがなにかに当たってへこんだとき、なかの空気が元に戻ろうとする力」、この2つの力(①+②)によるものです。時間を追って説明すると、

1)バスケットボールとテニスボールがいっしょに落下。
2) バスケットボールが床に当たり“へこんで変形”。
3) バスケットボールのなかの空気が圧縮され、圧縮された空気が元に戻ろうとする。
4) このとき、あとから落ちてきたテニスボールにエネルギーを与える。
5) テニスボールは、バスケットボールからもらったエネルギーで通常よりも高く跳ね上がる。
6) テニスボールにエネルギーを与えてしまったバスケットボールは、通常よりも低い高さまでしか跳ね上がらない。

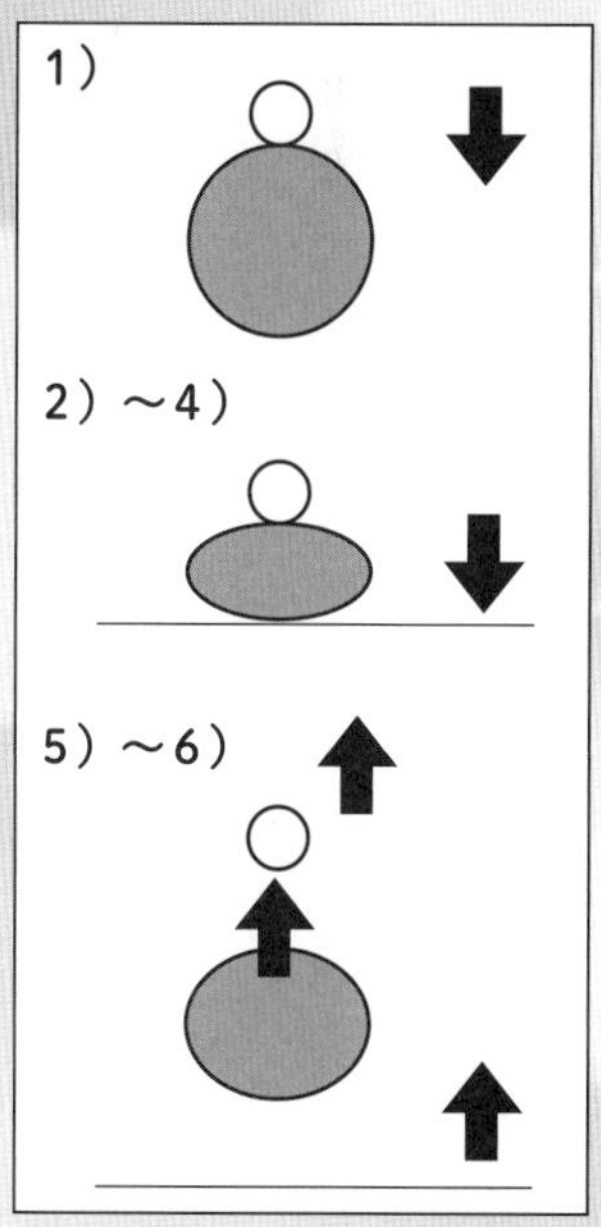
1）
2）〜4）
5）〜6）

動画はこちら▶

動画でテニスボールが高く舞い上がる様子を見ることができます。

そうだったのか！

中学生のための経済学

山本 謙三
オフィス金融経済イニシアティブ代表、前ＮＴＴデータ経営研究所取締役会長、元日本銀行理事。

「経済学」って聞くとみんなは、なにか堅〜いお話が始まるように感じるかもしれないけれど、現代社会の仕組みを知るには、「経済」を見る目を持っておくことは欠かせない素養です。そこで、経済コラムニストの山本謙三さんに身近な「経済学」について、わかりやすくお話しいただくことにしました。今回は、持続的な社会づくりに寄与する、SDGsとESGのお話です。

社会を支えるＳＤＧｓとＥＳＧ

最近、新聞やテレビでＳＤＧｓやＥＳＧという言葉をよく目にします。ともに持続的な社会づくりに関連する用語ですが、企業活動を奨励し、経済を健全に発展させていくうえでも大切な考え方です。この2つの内容は混同されがちなので、詳しく説明しましょう。

社会全体の目標であるＳＤＧｓ

ＳＤＧｓは Sustainable Development Goals の略で、「持続可能な開発目標」と訳されます。２０１５年に国際連合（国連）が「２０３０年までに達成すべき国際的な共通目標」として採択し、以下の17の目標を掲げました。

①貧困をなくそう、②飢餓をゼロに、③すべての人に健康と福祉を、④質の高い教育をみんなに、⑤ジェンダー平等を実現しよう、⑥安全な水とトイレを世界中に、⑦エネルギーをみんなにそしてクリーンに、⑧働きがいも経済成長も、⑨産業と技術革新の基盤をつくろう、⑩人や国の不平等をなくそう、⑪住み続けられるまちづくりを、⑫つくる責任 つかう責任、⑬気候変動に具体的な対策を、⑭海の豊かさを守ろう、⑮陸の豊かさも守ろう、⑯平和と公正をすべての人に、⑰パートナーシップで目標を達成しよう。

日本政府も２０１６年に「持続可能な開発目標（ＳＤＧｓ）推進本部」を立ち上げ、達成に向けたアクションプラン（行動計画）を決定してきました。例えば、二酸化炭素やメタンなどの温室効果ガスの削減目標を定め、上場企業に排出量の算定と開示を求めています。上場企業とは、発行株式が証券取引所で売買されている大企業などのことです。

このようにＳＤＧｓとは、国や企業の先導のもと、社会全体で取り組む目標なのです。

ＥＳＧは企業や投資家の指針

一方ＥＳＧは、企業と投資家を対象とするもので、企業が事業活動を通じて社会に貢献するための経営指針や、投資家が企業の株式を購入する際の投資指針をいいます。Ｅは環境（Environment）、Ｓは社会（Social）、Ｇは企業統治（Governance）の頭文字です。

これまで保険会社や年金基金などの大手の投資家は、企業の資本力や収益力などを基準に、株式投資の是非を判断してきました。多くの収益を見込める企業か、あるいは、万が一の場合に備えて十分な蓄え（資本）があるかなどの情報をもとに、投資の決定をしていたわけです。社会全体としても、こうした基準に沿って選び抜かれた企業が、経済の成長をリードしていくと考えられていました。

この考え自体は、いまも市場経済の発展に欠かせない要件として重視されています。しかし、それだけで持続可能な社会が形成されるわけではないのです。例えば二酸化炭素を大量に排出する企業は、どんなに収益力が高くても社会の持続性を脅かしかねません。

そこで国連は２００６年、投資家に向けて６つの原則から成る「責任投資原則（ＰＲＩ：Principles for Responsible Investment）」を提唱しました。投資の決定を行う際は、ＥＳＧの課題解決に向けた視点を取り入れることや、投資先の企業に対してＥＳＧ課題の開示を求めることなどを定めています。

©PIXTA

ＥＳＧの具体的な活動とは？

２０２４年４月14日時点で、ＰＲＩに賛同し署名した投資家の数は、世界で５３３５機関を数えます。日本でも１３０機関が署名済みです。これらの投資家の要請に応える形で、企業もＥＳＧの取り組みを強化しています。

Ｅ（環境）の分野では、気候変動の拡大や生物多様性の減少、海洋プラスチック汚染など、数多くの課題があります。温室効果ガスの排出量削減や、太陽光・風力など再生可能エネルギーによる発電技術の開発、廃棄物のリサイクルなどが重要な取り組みです。

Ｓ（社会）の分野では、人権侵害、ジェンダー差別、過重労働、パワハラ・セクハラなどの法令違反や嫌がらせ行為などの課題が指摘されており、人権や多様性の尊重、適正な労働条件の順守、ハラスメントの防止などが求められます。原材料を他国から仕入れている企業であれば、仕入先で人権侵害や過重労働が起きていないかまで目を配り、場合により是正を求める取り組みが必要となります。

Ｇ（企業統治）の分野では、企業倫理の構築などに向けて、企業の意思決定を担う取締役会における多様性（多様な専門分野や男女の比率など）の確保や、リスク管理体制の充実、情報開示の透明性などが求められます。

このようにＳＤＧｓとＥＳＧには、対象範囲が社会全体か企業・投資家か、あるいは目標か指針かといった違いがありますが、環境への貢献や人権の尊重など、具体的な内容では重なるところが多数あります。企業がＥＳＧに配慮して事業活動を進めれば、ＳＤＧｓの掲げる社会目標の達成にも近づきます。両者は切っても切れない関係にあり、私たちの生活と密接に結びついているのです。

淡路雅夫の

中学生の味方になる子育て 第16回
楽しむ 伸びる 育つ

profile 淡路雅夫（あわじ まさお） 淡路子育て教育研究所主宰。國學院大学大学院時代から一貫して家族・親子、教育問題を研究。元浅野中学高等学校校長

受験で自らが培った個性をさらに伸ばす「場」を得る

今回は、高校受験をすることの意味と学校選択についてお話しします。

中学生になると社会とのつながりが多くなります。なぜそうなるかというと、義務教育を終えると、社会とのかかわりのなかで考え行動しなければならない立場になるからで、その準備に入っているのです。

授業の場面ではもちろんですが、部活動やクラスでの活動でも、結果を追い求めるだけではなく、個々が持つ好奇心を活かし、より専門的に人間性や社会性を学び、社会での居場所を考えることになります。

仲間といっしょに練習し、企画・計画し、互いにリーダーシップを発揮することで、価値観の異なる相手と行動する力を育んでいきます。

多様な人たちと生活する競争社会へ巣立つ、そのための準備をしているといってもよいのです。

「受験」は、自分が培ってきた個性を、さらに伸ばす「場」を得るための作業ととらえ、それを目的として向かいましょう。人によっては、新たな自分探しの機会にもなります。

みなさんはいままで、自己の強さや弱さに気づいて、自分の個性を磨き、育ててきたと思います。これから続く高校や大学という場は、その特徴を活かして社会の居場所を探す場でもあるのです。

高校でのさらなる成長を支援してくれる学校を探す

次に学校選択についてお話しします。受験の目的が、みなさんの個性を活かす「場」を探すことですから、選択しようとしている学校が、あなたの成長に対して「どのような支援をしてくれるか」が大切です。

かえりみていま、みなさんの学校選択の実際はどうでしょう。少し検討する余地がありませんか。

学校選択が、自分に合っている学校探しというよりも、例えば、学校の難易度を表す「偏差値」を基準に学校選択をしてはいないでしょうか。

もちろん受験は、合格するために入学試験を受けるのですから、自分の現在の実力を知って対応しようとすることは理解できます。

ですが、社会の風潮に影響されて世間でよいといわれている難関校がよい学校だと考え、単に、そこをめざしてしまうケースも散見されます。

世間でいわれている難関校に頑張って合格することも、それだけの努力が必要ですから、意味のあることです。しかし、前述したように受験は、自分の将来のために自己を研鑽《けんさん》する、その手段でもあるという観点から再考してみる必要があると思います。

「人生100年」を生き抜く力を磨くことができる進路を

これまでは、企業で定年まで働き、その後は自分の寿命のままに趣味などで老後を楽しみ、人生をまっとうする。それが日本の社会での幸せなモデルだとされてきました。

ところが、社会は大きく変化し、みなさんは「人生100年」といわれる長寿社会に生きています。

将来、どのような社会状況が到来するかはわかりませんが、こうした先の見えない長寿社会を生きる準備をしておくことも重要です。そこにつながっているのが、みなさんの高校受験であり、進路選択なのです。

では、その進路選択をどのようにすればよいかです。まずは学校の成績だけで進路を決めずに、自分の好きなことを将来の進路（仕事）にすることです。教科の成績だけでは、人生を生きる力としては少し足りないものだからです。

自分らしく生きるために自らの生活の軸を準備する

次に試験前の勉強の仕方や準備の状況を思い起こしてください。日ごろから自分の課題と向きあって、その改善を目標にして学力を高める生活習慣を育ててきているでしょうか。

多くのみなさんに共通する課題となっていること、それは、日常の勉強の段取りと時間の使い方です。時間の使い方は、これからますます忙しくなる生活のためにも重要です。

勉強時間は、ただ長ければよいわけではありません。時間の長さより中身の濃さが大切です。

日本の教育は、集団のなかで生徒を育てていく教育ともいえます。そんななか、個人は自ら気づいて新たな挑戦をしていかないと、課題は改善できず、結局は自己の個性を伸ばすことは難しくなります。

これからは、どのような状況でも自分らしく生きられるよう、いまから自分の生活の軸（強み）を準備する。そんな「受験と進路選択」を考えてみてください。

〈つづく〉

PICK UP NEWS
ピックアップニュース！

打ち上げられたH3ロケット2号機（2024年2月17日午前、鹿児島県・種子島宇宙センター）写真：時事

今回のテーマ

H3ロケット打ち上げ成功

日本の次世代ロケット「H3」2号機がこの2月、鹿児島県の種子島宇宙センターから打ち上げられました。

H3ロケットは宇宙航空研究開発機構（JAXA）と三菱重工業が2014年に開発を開始した国産の大型ロケットで、液体燃料使い捨て型です。現在の主力であるH-IIAロケットの後継機で、総開発費は2197億円にのぼります。H-IIAに比べて費用や組み立て期間を半減することで、安く迅速な衛星打ち上げを実現し、日本の宇宙ビジネスをアピールすることが目的です。このため、1段目の主力エンジンに新たに開発した「LE-9」エンジンを搭載、H-IIAロケットのエンジンに比べ部品数を3分の1にし、推力を10倍にしました。コストはH-IIAの1機約100億円から半減、量産も可能としています。

今回は民間の超小型衛星2基と政府系の衛星を模した模擬衛星1基を搭載し、打ち上げ後、機体からの分離や軌道投入を行いました。H3ロケットは昨年3月に初号機が打ち上げられましたが失敗、JAXAは安全管理や部品チェックを徹底し、不具合が出た第2エンジンも改良して今回の成功につなげました。

宇宙ビジネス市場は拡大を続けていて、米衛星産業協会の調査では、昨年の世界の宇宙ビジネス規模は約60兆円に拡大しており、今後、さらに拡大することが予想されています。1月には日本の小型月着陸実証機「SLIM（スリム）」が世界で5カ国目に月面着陸に成功しており、こうしたこともあって、今回の成功は日本が国際的な宇宙市場に正式に名乗りをあげたことになります。

宇宙ビジネスの拡大は日本の経済成長に不可欠で、政府はH3ロケットの存在を前提に宇宙基本計画を策定、世界の民間企業からの衛星打ち上げ受注をめざし、年間6回の打ち上げを20年間継続したいとしています。

この計画では、日本の火星衛星探査計画「MMX」の探査機の打ち上げ、アメリカ主導の月探査計画である「アルテミス計画」の物資輸送、さらには世界各国からの衛星打ち上げ要請に応じられるよう、3号機以降の打ち上げも順次行い、H3ロケットの信頼性を高めていきたい考えです。

ジャーナリスト 大野 敏明
（元大学講師・元産経新聞編集委員）

思わずだれかに話したくなる
名字の豆知識

第41回

都道府県別の名字
今回は

山梨

他県と違う！山梨の名字

甲斐国が前身 山梨県ベスト20

山梨県は甲斐国《かいのくに》、1国で県となりました。甲斐国といえば武田信玄《たけだしんげん》で有名で、金山があることから、江戸時代は一時期を除き天領《てんりょう》でした。県名は県庁所在地がある甲府市を囲む郡名の山梨郡からつきました。

山梨県の名字ベスト20です。渡辺、小林、望月、清水、佐藤、深沢、古屋、鈴木、佐野、雨宮、田中、長田、中村、山本、志村、伊藤、秋山、斎藤、内藤、保坂です（新人物往来社『別冊歴史読本　日本の苗字ベスト１００００』より）。一読して他県と大きく異なるのは、全国的に上位ではなく、過去の「名字の豆知識」でも調べていなかった名字が、望月、深沢、古屋、佐野、雨宮、長田、志村、秋山、内藤、保坂のなんと10姓も入っていることです。

山梨県に広がる独特の名字文化

佐藤、鈴木を中心とした東北、関東とも、田中、山本を中心とした北陸、関西とも異なる独特の名字文化があるようです。山梨県は峻険《しゅんけん》な山々に囲まれていることから、他県との交流がそれほど盛んではなく、名字の特化が進んだとも考えられます。では順番にみてみましょう。

望月は全国１６５位、山梨県では3位、静岡県では4位。山梨県と静岡県を合わせて、全国の望月さんの半数以上が両県に居住していることになります。他県の望月さんもほとんどがこの2県出身といっていいでしょう。望月の意味は満月です。地名としては長野県佐久市に望月が、大分県臼杵《うすき》市にも大字の望月があります。

深沢は全国４２４位、山梨県では6位。全国の深沢さんの5人に1人が山梨県在住です。意味は字義の通りです。甲斐国山梨郡深沢（現・山梨県甲州市勝沼町深沢）発祥です。

古屋は全国５３２位、山梨県では7位。古屋はもとは古屋敷で、新屋敷に対して昔からある屋敷をさします。転じて、そこに住む人の名字になりました。

佐野は全国98位、山梨県では9位。第3回の佐藤の回で少し触れましたが、本来は狭野です。文字通り狭い野です。全国には宮城県から大分県まで多くの佐野という地名があります。栃木県には佐野市があります。

雨宮は全国779位、山梨県では10位。山梨県の固有姓といっていいでしょう。信濃国《しなののくに》埴科郡屋代郷雨宮《あめのみや》（現・長野県千曲市雨宮）の発祥とされます。

「内藤」の由来は内舎人の藤原氏

長田は全国268位、山梨県では12位。「ながた」と「おさだ」の2通りの読み方がありますが、全国的には「ながた」の方が多いようです。全国の「長田」の地名の多くは「ながた」と読みます。

志村は全国464位、山梨県では15位。元来は武蔵国《むさしのくに》豊島郡志村郷（現・東京都板橋区志村）発祥で、のちに西に移動し、甲斐国で大きな勢力になりました。

秋山は全国142位、山梨県では17位。山梨県の秋山は甲斐国巨摩郡秋山郷（現・山梨県南アルプス市秋山）発祥です。

内藤は全国166位、山梨県では19位。意味は内舎人《うちとねり》の藤原氏ということで、天皇の周辺警護を司る下級官吏です。現在でも内舎人は宮内庁に存在します。内藤は藤原北家秀郷流《ふじわらほっけひでさとりゅう》で、全国に展開しましたが、甲斐の武田氏の家臣で内藤を名乗る者がいて、その一族と周辺が、山梨県で広がったものと思われます。

保坂は全国549位、山梨県では20位。本来は穂坂で字が簡単な保坂になりました。穂坂は全国3993位です。山梨県では200位以内に入っていません。

このほかに山梨県に多い名字です。堀内は全国269位、山梨県では21位。清和源氏《せいわげんじ》小笠原流と伝えられ、遠江国城飼郡《とおとうみのくにきこうぐん》堀ノ内（現・静岡県菊川市堀之内）発祥と伝えられます。のちに堀内となり、遠江国から甲斐国に出て繁栄しました。小沢は全国176位、山梨県では22位。中込は全国141位、山梨県では27位。中込さんの半数は山梨県に住んでおり、山梨県の固有姓といえます。小俣は全国1060位、山梨県では30位。これも山梨県の固有姓です。

このほか名取、小宮山、藤巻、有泉《ありいずみ》、一瀬、橘田《きった》、輿石《こしいし》、勝俣、丹沢、横森、小尾《おび》、千野、塩沢、日向、加賀美、加々美、小佐野、功刀《くぬぎ》、末木、萱沼《かやぬま》、幡野《はたの》、日原、白須《しらす》、鷹野などが山梨県に多い名字です。

他の県にはみられない名字が多いことが、この県の特徴ですが、そのなかには信濃発祥で、甲斐に来て栄えた名字もあります。峻険な山々に囲まれた山梨県の歴史を感じさせます。

険しい山々に囲まれた山梨県では独特の名字文化が発展した

富士山と河口湖

13歳からはじめる読解レッスン

長文だってこわくない！

「国語大好き！」「国語って勉強する必要あるのかな？」「読解力ってどう上げるんだ!?」と思うすべての中学生に贈る現代文の読解レッスンのページです。合言葉は「長文だってこわくない！」。

吉岡《よしおか》 友治《ゆうじ》先生
日本語の論理的文章メソッドを確立し幅広く活動する。参考書などを多数執筆。

かんじくん
将来は海外で働くことを夢見る中学2年生。吉岡先生のもと、国語力アップをめざす。英語も大好き。

かなさん
かんじくんの妹。読書が大好きな中学1年生。国語をもっともっと本格的に学びたいと思っている。

第3回 評論をより深く読むために

「評論の読み方」を知ろう

前回、評論は大学入試で出題されやすいと教わりました。でも正直、評論って難しいイメージがあります。

私も小説ならスラスラ読めるけど、評論は苦手かも……。

そういう人は多いよね。でも、それは「評論の読み方」を知らないからだよ。

「評論の読み方」？

小説を読むときは、時間軸に沿って出来事を追っていくよね。でも評論は、読者自身で流れを整理しつつ、自分で文章の組み立てを考えながら読まなければならないんだ。

「自分で文章の組み立てを考えながら読む」って、どうすればいいんですか？

まずは話題、つまり「なにについて書かれているのか」を探すといいよ。大抵は、最初と最後の段落でめだって触れられている言葉だ。

参考書などでは、わかりやすく太字で書かれている部分ですね。でも実際の入試問題には印なんてないし、見つけられるかな……。

話題はすぐ「問題」の形に変わって現れるから、見つけるのは難しくないよ。

評論を構成する「問題」「解決」「根拠」の3要素には前回も少し触れましたね！「問題」って具体的にいうと、なんなのですか？

疑問や対立、矛盾のことさ。疑問は「……なのか？」、対立は「Aは○というが、Bは□という」、矛盾は「◎となるはずが、実際は△である」の形で表現されるよ。

推理小説みたいですね。謎に対して「それはなにか？」「どうしてそうなるのか？」と考えて、「それはこうだ」「こうだからそうなるのだ」と解決する。

推理小説の場合に考えるのは「犯人はだれだ？」だけだけど、評論の話題はもっと広くて、「社会はどうあるべきか？」とか「人間はどう生きるべきか？」なんていう謎が取り上げられる。

そんなスケールの大きな問題に対して、答えを出すのは大変そう。

でも、似たようなことを小さいときに考えなかったかな？ 例えば「空はなぜ青いのか？」とか「なぜ、この世には悪がはびこるのか？」とか。

考えたこともあったけど、いつの間にか「そういうものだから」って思い込んでいました。

そんな疑問にもう一度目を向けて、成長した頭で考え直してみるのが評論なんだよ。

そう考えると、ちょっとおもしろいかも！

評論は「問題」を設定し、それに対し、「こう考えればいい」という筆者なりの「解決」が書いてある。そうすると読者の方も読みながら、「どうしてそうなるの？」「具体的にはどういうことなの？」とさらなる疑問が出てくる。筆者はそれを予想して、そんな疑問への「解決」も書いておく。

それだと言葉のバトルになりそうですね！　疑問を解決しても「違う！」という人が出てくるかもしれない。それを言葉でバタバタとなぎ倒していく、と。

というより、違う意見の間の取っ組みあいをやる、みたいな感じがしますね。

そういう言葉のバトルを討論とか議論、argumentというよ。自分の「解決」が「正しい」ことを示すには、言葉を尽くして相手に説明し、納得してもらう必要がある。世の中は複雑だから考え方も色々ある。自分の意見に他人が反対するのは当たり前なんだよ。それでも面倒くさがらずに、なにが正しいのかをきちんと考え、検討する力を試すのが評論だといえる。さあここからは、実際の評論を例に、もう少し深くその構造をみていこう。

評論を読んでみよう！

2023年度大学入学共通テスト第1問・問2
（柏木博『視覚の生命力――イメージの復権』による）

次の【文章Ⅰ】は、正岡子規《まさおかしき》の書斎にあったガラス障子と建築家ル・コルビュジエの建築物における窓について考察したものである。

【文章Ⅰ】

寝返りさえ自らままならなかった子規にとっては……ガラス障子のむこうに見える庭の植物や空を見ることが慰めだった。味覚のほかは視覚こそが子規の自身の存在を確認する感覚だった。……障子の紙をガラスに入れ替えることで、A子規は季節や日々の移り変わりを楽しむことができた。

『墨汁一滴』(注1)の三月一二日には「不平十ケ《じっか》条《じょう》」として、「板ガラスの日本で出来ぬ不平」と書いている。この不平を述べている一九〇一（明治三四）年、たしかに日本では板ガラスは製造していなかったようだ。……板ガラスの製造が日本で始まったのは、一九〇三年ということになる。子規が不平を述べた二年後である。……「ガラス障子」は、輸入品だったのだろう。……高価であってもガラス障子にすることで、子規は、庭の植物に季節の移ろいを見ることができ、青空や雨をながめることができるようになった。ほとんど寝たきりで……絶望的な気分の中で自殺することも頭によぎっていた子規。彼の書斎（病室）は、ガラス障子によって……「見るための装置（室内）」へと変容したのである。

映画研究者のアン・フリードバーグ(注2)は、『ヴァーチャル・ウインドウ』の冒頭で、「窓」は「フレーム」であり「スクリーン」でもあるといっている。

窓はフレームであるとともに、プロセニアム（舞台と客席を区切る額縁状の部分）でもある。窓の縁（エッジ）が、風景を切り取る。窓は外界を二次元の平面へと変える。つまり、窓はスクリーンとなる。

子規の書斎は、ガラス障子によるプロセニアムがつくられたのであり、それは外界を二次元に変えるスクリーンでありフレームとなったのである。ガラス障子は「視覚装置」だといえる。

（注）1　『墨汁一滴』――正岡子規（一八六七―一九〇二）が一九〇一年に著した随筆集。
2　アン・フリードバーグ――アメリカの映像メディア研究者（一九五二―二〇〇九）。

※本文・注、一部改編

評論は言い換えである

流れを整理しながら 問題・解決・根拠を見極める

正岡子規は明治時代の歌人・俳人で、「写生」を唱えて和歌や俳句の世界に革新をもたらした人ですよね。たしか晩年は肺結核だったとか。

よく知っているね。問題の導入には「正岡子規の書斎にあったガラス障子と建築家ル・コルビュジエの建築物における窓について考察」とあるので、話題はガラス障子など建築物の窓部分についてだと推測できるよ。

でも、「窓」がなんだっていうんですか？

いい視点だね！ 評論では、そんなふうに必ず話題は疑問に変わる。疑問を持って読み進めていくうちにその「解決」にも見当がついてくるはずだ。

最後まで読むと「ガラス障子は『視覚装置』だといえる」とあります。ガラス障子も窓と考えれば、これが問題に対する「解決」にあたりそうです。でも「視覚装置」って？ よくわかりません……。

イメージが湧きづらいよね。でも、その直前を見ればわかるよ。「プロセニアムがつくられ……外界を二次元に変えるスクリーンでありフレームとなった」と説明されているからね。

「プロセニアム」ってなんですか？

それも本文で「プロセニアム（舞台と客席を区切る額縁状の部分）」と説明されている。要するに、幕を引いたときに分けられる舞台と客席の境目、その「枠」だと考えればいいよ。

つまり筆者は窓を「枠」ととらえて、「窓はスクリーン／フレームとして外界を二次元に変える仕組みになっている」といいたいわけかあ。

こんなふうに評論では、いいたい内容を直前や直後に言い換えで表現することが多いんだ。

だったら、ちょっとわからなくなっても言い換えまで待てばいいわけですね。ここまでをまとめると、「問題」は「窓はどんな役目を果たしているか?」。「解決」は「視覚装置になっている」。「根拠」は「なぜなら窓は『枠』としてスクリーン／フレームとなり、外界を二次元に変える仕組みだからだ」ということになりそうですね。

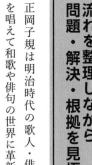

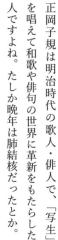

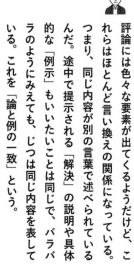

でも「根拠」を示すのに、本文では「なぜなら……からだ」という表現が使われていませんね。

「なぜなら……からだ」を入れた方が親切だけど、ここでは一字下げの引用で示されているね。だから読者自身が積極的に、「ここが理由だ」と判断しなくてはならない。これがさっき言った「文章の組み立てを考える」読み方なんだよ。

なるほど。同じように流れを整理していくと、子規のガラス障子の話は前回出てきた「例示」にあたるのもわかってきますね。

察しがいいね！ 「プロセニアム」や「フレーム」なんてわからない人もいるだろう。だから正岡子規という有名人のエピソードを使って親しみやすく、イメージしやすい文章にしているんだ。

言い換えを繰り返して「根拠」を提示する

評論には色々な要素が出てくるようだけど、これらはほとんど言い換えの関係になっている。つまり、同じ内容が別の言葉で述べられているんだ。途中で提示される「解決」の説明や具体的な「例示」もいいたいことは同じで、バラバラのようにみえても、じつは同じ内容を表している。これを「論と例の一致」という。

たしか本文の「例示」は、「障子にガラスがはめ込まれているから、正岡子規も庭や空など外の様子を眺められた」ことが書かれていますね。

つまり、「障子が『枠』になることで、そこがスクリーンやフレームのようになり、外の世界を平面に変えていた」と。……引用部分と正岡子規のエピソード、内容が同じですね。

こんなふうに、評論では同じ内容を抽象的に、具体的に、と手を替え品を替え述べるんだ。前回紹介した「問題」「解決」「根拠」に当てはめながら読まないと途中で混乱してしまうから、つねに気をつけないといけないよ。では最後に、ここまで学んだことを使って、問題を1つ解いてみよう。

評論の問題を解いてみよう!

傍線部A「子規は季節や日々の移り変わりを楽しむことができた」とあるが、それはどういうことか。その説明として最も適当なものを、次の①～⑤のうちから一つ選べ。

① 病気で絶望的な気分で過ごしていた子規にとって、ガラス障子越しに外の風物を眺める時間が現状を忘れるための有意義な時間になっていたということ。

② 病気で塞ぎ込み生きる希望を失いかけていた子規にとって、ガラス障子から確認できる外界の出来事が自己の救済につながっていったということ。

③ 病気で寝返りも満足に打てなかった子規にとって、ガラス障子を通して多様な景色を見ることが生を実感する契機となっていたということ。

④ 病気で身体を動かすことができなかった子規にとって、ガラス障子という装置が外の世界への想像をかき立ててくれたということ。

⑤ 病気で寝たきりのまま思索していた子規にとって、ガラス障子を取り入れて内と外が視覚的につながったことが作風に転機をもたらしたということ。

本文と選択肢を見比べよう

まずは本文、つまり傍線部Aになにが書いてあって、なにが書いていないかを見極めていこう。

本文には⑤「作風に転機をもたらした」は書いていませんね。それに子規が病気で寝たきりだったのは確かだけど、はたして「思索していた」のかな?

「思索」は物事を秩序立てて考えることだけど、子規は芸術家だから、必ずしも「思索」ばかりしていたとはいいきれないよね。

④「外の世界への想像をかき立てて」も疑問ですね。「想像」だと、「外の世界」を見ないまま、ただ思い浮かべているだけになっちゃう。

いいところに気がついたね。子規はガラス障子を通して実際に庭や空を眺めている。

②「自己の救済」も大げさすぎない?「救済」は「キリストによる救済」といった形で使われるイメージがあるから、庭の風景を「楽しむ」のとじゃ差がありすぎると思います。

それなら①「現状を忘れる」もいいすぎだよ。子規は自分が結核で寝たきりであることを忘れてはいないと思う。寝たきりだけど外を見る小さな楽しみを見つけていた、というべきでは?

では、正解は③に絞られそうだ。「生を実感する契機」は、本文の最初の段落の「自身の存在を確認する」と似ている。「生を実感」は「自身の存在を確認」の言い換えと考えられるね。

問題を解くときにも、「言い換えになっているかどうか」に注意すれば解けそうですね!

評論は「論理的文章」とも呼ばれる。論理は、ほとんど言い換えでできているんだ。だから解きながら、どこがどこの言い換えになっているのかを確認しながら読むのが基本なんだ。

ミステリーハンターQのタイムスリップ歴史塾

近松門左衛門

今回のテーマは、江戸時代・元禄文化を代表する浄瑠璃・歌舞伎の脚本家、近松門左衛門。代表作を答えられるかな。

勇 今年は近松門左衛門《ちかまつもんざえもん》の没後300年になるんだってね。

MQ 彼は1724年11月に亡くなったけど、新暦に直すと1月だから1725年になる。でも300回忌として各地で様々なイベントが予定されているね。

静 どんなことをした人なの？

MQ 東洋のシェイクスピアとも呼ばれる日本を代表する劇作家だよ。江戸時代に浄瑠璃《じょうるり》や歌舞伎の脚本を書いたんだ。日本の芝居の歴史を変えたともいわれている人物だよ。

勇 東洋のシェイクスピア！　すごいね。

MQ 近松は1653年に越前国《えちぜんのくに》（現・福井県）の武士の次男に生まれたんだけど、若いときから文学を好み、父が浪人となったことから京都に出て浄瑠璃を書き始めたんだ。

静 そこから劇作家の道を歩み始めたんだね。

MQ 詳しいいきさつはわからないんだけど、上方の歌舞伎俳優、坂田藤十郎《さかたとうじゅうろう》と知りあい、彼のために脚本を書くようになり、それで成功して、劇作家としての地位を確立していくんだ。

勇 どんな作品があるの？

MQ 『曽根崎心中《そねざきしんじゅう》』は実際に起きた心中事件を題材にした物語で、大ヒットしたんだ。それまでは歴史上の人物などが主役だったけど、近松は町人社会のリアルな人情や愛情を描いて大評判になったんだ。

静 そういう作品って、ほかにはどんなものがあるのかな？

MQ 心中の話としては『心中天網島《しんじゅうてんのあみじま》』、若者の衝動殺人を描いた『女殺油地獄《おんなころしあぶらのじごく》』などがある。

勇 それ以外にはどんな作品を書いたの？

MQ 義太夫節《ぎだゆうぶし》の創設者、竹本義太夫《たけもとぎだゆう》のために書いた『出世景清《しゅっせかげきよ》』なんかがあるよ。

静 世話物《せわもの》（人情物）が多いのね。

MQ 近松というと世話物といわれるけど、生涯に書いた約150本の作品のうちでは、時代物の方が多いんだよ。

勇 そうなんだ。意外だなあ。近松の書いた時代物ってどんな作品があるの？

MQ 曾我《そが》兄弟の仇討ちの後日談を描いた『世継曽我《よつぎそが》』、平家物語を題材にした『平家女護島《へいけにょごのしま》』、中国の明朝復活の話を書いた『国性爺《こくせんや》合戦《かっせん》』などは有名だね。近松の作品は300年以上前に書かれたけれど、現代でも人気は衰えない。その理由は、現代にも通じる要素として社会のルールに縛られて苦しむ庶民が登場したり、自分の弱さに負ける人が描かれたりしているからかもしれないね。

ミステリーハンターQ（略してMQ）

米テキサス州出身。某有名エジプト学者の弟子。1980年代より気鋭の考古学者として注目されつつあるが本名はだれも知らない。日本の歴史について探る画期的な著書『歴史を掘る』の発刊準備を進めている。

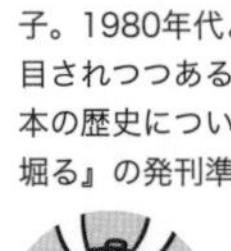

山本 勇

中学3年生。幼稚園のころにテレビの大河ドラマを見て、歴史にはまる。将来は大河ドラマに出たいと思っている。あこがれは織田信長。最近のマイブームは仏像鑑賞。好きな芸能人はみうらじゅん。

春日 静

中学1年生。カバンのなかにはつねに、読みかけの歴史小説が入っている根っからの歴女。あこがれは坂本龍馬。特技は年号の暗記のための語呂合わせを作ること。好きな芸能人は福山雅治。

身の回りにある、
知っていると
役に立つかもしれない
知識をお届け!!

サクセス印のなるほどコラム

8000枚の似顔絵

先生！　なにしてるの？

自分の似顔絵を作っているんだよ。

ぼくが描こうか？

キミが？　なんだか高額なお礼を要求されそうだなあ（笑）。

人聞きが悪いなあ～。もちろんお礼は期待しているけど。

やっぱり（笑）。

なんたって、物価高だからさ。お小遣いのやりくりも大変なんだよ！

切実なんだね。でも大丈夫。この生成AIはすごいんだ！

えっ？　自分でパソコンで描いているんじゃないの？

そう、生成AIに描いてもらっているんだ。これ、とにかくすごいんだよ。

なにがすごいの？

簡単にいえば、私の顔の素材を生成AIに入れると、一気に8000枚くらいの似顔絵を作ってくれるんだ。

8000枚???　どういうこと？

私はそんなに詳しくはないんだけど……たぶんね、目に３種類のパーツA、パーツB、パーツCがあって、鼻にも３種類のパーツがあったとしたら、これだけで組みあわせは３×３＝９通りあるわけだよね？

うん。

じゃあ、目、鼻、口、耳、あご、眉毛、髪型にそれぞれ３種類のパーツがあったとしたら、その組みあわせは何通りになる？

目、鼻、口、耳、あご、眉毛、髪型だっけ？　７カ所について各３パーツだから、３を７回かける計算だね。えっと３の７乗は……。

2187通り。

３種類のパーツだけでそんなに？

そうなんだよ。だから、さらに肌の色や髪の色を細かく設定したら、組みあわせは8000なんてあっという間に超えるんだ。

この生成AIはその結果を8000枚くらいに抑えてくれるってこと？

まあ、そんなイメージだと思う。

できあがった8000通りの似顔絵を見てもいい？

もちろん！　このなかから１枚を選びたいから、キミにも見てほしいんだ。

すごい！　先生がいっぱいいる（笑）。

おもしろいよね。たくさんありすぎて、どれが自分に一番似ているのかわからなくなるよ。

本当だね。まったく似ていないのもあるよ。確かに、見ているうちに、先生のもとの顔がどんなだったかわからなくなってくるかも。全部似てそうだし、全部似てない気にもなる（笑）。

これはどう？

それ、先生にはあまり似ていないような？　でも正直かっこいいと思う。

似ていない似顔絵???　なんか納得がいかないけど、理想の姿だと思えばいいかな？

それじゃあ、似顔絵にならないよ（苦笑）。

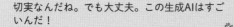

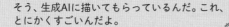

written by
『サクセス15』編集部
数学研究会

高校数学では、早く答えを出すことよりもきちんと答えを出すこと、
つまり答えそのものだけでなく、答えを導くまでの過程も重視します。
なぜなら、それが記号論理学である数学の本質だからです。
さあ、高校数学の世界をひと足先に体験してみましょう！

↗ありましたが、各行、各列の和が15であることは決まっているのです。

例えば、この魔方陣には１行目に３つの数が書いてあります。

それが３行あるので、合計は１～９までの合計、つまり45です。

したがって、１行の合計は45÷３＝15。

列についても同様に考えて、各列の和は15になります。

ほかにも色々な答えの形を見つけてみてくださいね。

6	7	2
1	5	9
8	3	4

【図３】

6	1	8
7	5	3
2	9	4

【図４】

例えば**【図３】**や**【図４】**もあります。

今回学習してほしいこと

江戸時代の算数・数学である和算には身近な問題も多数出題されている。

まずはすぐに答えを出そうとせずに試行錯誤することが大切。

練習問題
中級

右の16マスのなかに１～16を１回ずつ使って、タテ、ヨコ、ナナメの４つの数の和がいつも同じになるような魔方陣を作っています。

途中までは埋めてあります。

残りを埋めてください。

16			13
	11		8
9	7		
		15	

LECTURE!

和算編その２

例題　９マスのなかに１～９を１回ずつ使って、タテ、ヨコ、ナナメの３つの数の和がいつも15になるようにしなさい。

前回に引き続き高校数学A“数学と人間の活動”から和算を取り上げています。今回の和算の問題は魔方陣の問題です。出典となった『勘者御伽双紙《かんじゃおとぎぞうし》』には碁石に１～９までの数字を書いて、タテ、ヨコ、ナナメの３つの数の和がいつも15になるようにする並べ方の例があります。下の**【図１】**のような９マスで、タテ、ヨコ、ナナメの列の和が15ということは、マスに入る３つの数の合計が15ということです。

【図１】

4		
	5	
		6

【図２】

4		
10	5	
1	8	6

【案１】

4	9	2
3	5	7
8	1	6

【案２】

ここで、1,2,3,4,5,6,7,8,9を考えると、雑多ですが、１～９の中央の数が５、さらに５の前後を含めた４,５,６の和が4+5+6=15になることに注目して**【図２】**のように入れます。３行目の６を使って合計が15になるには残りの２数は９。ここで和が９になる２数を残っている1,2,3,7,8,9から探すと1+8と2+7のみ。そこで、まず1+8を使ってみます（ここから試行錯誤！）。これが**【案１】**です。**【案１】**の左の列で15の和を作るために必要な数字は10。これは１～９を超えていますので不適です。
そこで、**【案２】**として**【案１】**３行目の１と８の位置を交換し、先ほどと同じように列に注意して和が15になるように埋めていくと、残りの数2,3,7,9を無事に埋めることができました。これで完成です。
さて、これを３方陣といい、問題文には“和がいつも15になるようにしなさい”と書いて ↗

練習問題　**初級**

999羽のカラスが999カ所の浦（浜）で１羽あたり999回泣くと、全部で何回の鳴き声がありますか。

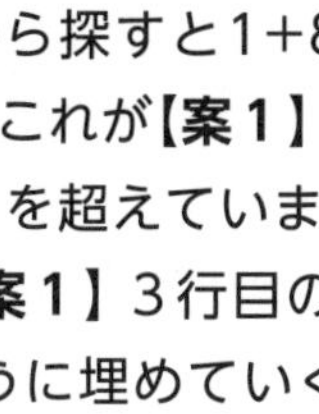

練習問題　**上級**

一斗桶のなかに油が１斗（１斗＝10升）入っています。この油を７升枡《しょうます》と３升枡を使って、５升と５升に分けなさい。

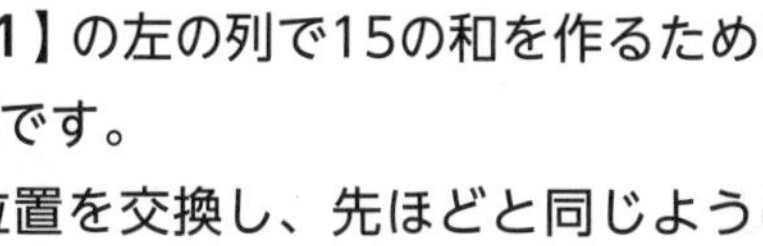

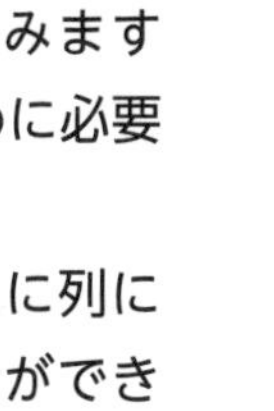

解答・解説は次のページへ！

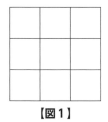

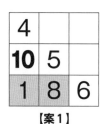

解答&解説

中級

各行と各列の和はいくつになるかを求めます。
1から16までの和が1+2+3+……+16=136。これを4行、4列に分けるので、各行と各列の和は136÷4=34です。いま、書かれている数以外の使える数は1,2,3,4,5,6,10,12,14の9つです。

16	1	4	13
	11		8
9	7		
	15	15	

【案1】

16	4	1	13
	11		8
9	7		
	12	15	

【案2】

16	4	1	13
7	11		8
9	7		
2	12	15	5

【案3】

1行目を考えます。16と13が書かれています。この2数の和が一番大きいです。大きい数を先に決めると小さい数は決めやすくなります。
そこで16、13以外の残りの2数の和は34−(16+13)=5
和が5になる2数は、使える数から探すと1+4、2+3の2通り。
そこで1+4を選ぶことにします（試行錯誤の始まり）。
【案1】のように1と4を当てはめ、各行、各列の和が34となるようにすると、4行目に15が2カ所！ **【案1】**は不適です。
【案2】です。1行目の1と4の位置を入れ替えると、まず4行目に入る12が決まります。和が大きい2数は最下段（4行目）です。
【案3】です。4行目の残りの2数は34−(12+15)=7です。この時点で残りの数は2,3,5,6,10,14の6つ。和が7になる2数は2+5だけなので、早速4行目に入れます。別の箇所も埋めてみます。左端の1列目に注意するとまたもや7が2カ所！
【案3】も不適です。

16	4	1	13
4	11		8
9	7		
5	12	15	2

【案4】

16	2	3	13
	11		8
9	7		
		15	

【案5】

16	2	3	13
5	11	10	8
9	7	6	12
4	14	15	1

【案6】

【案4】として4行目の2と5の位置を入れ替えて1列目に注意すると……
またもや4が2カ所！ **【案2】**から不適だとわかりましたので、
【案1】に戻ってめげずにやり直しです！
【案5】で1行目に2+3を選ぶことにします。先ほどと同じように各行、各列が34になるように、**【案6】**のように埋めて、完成です！

上級

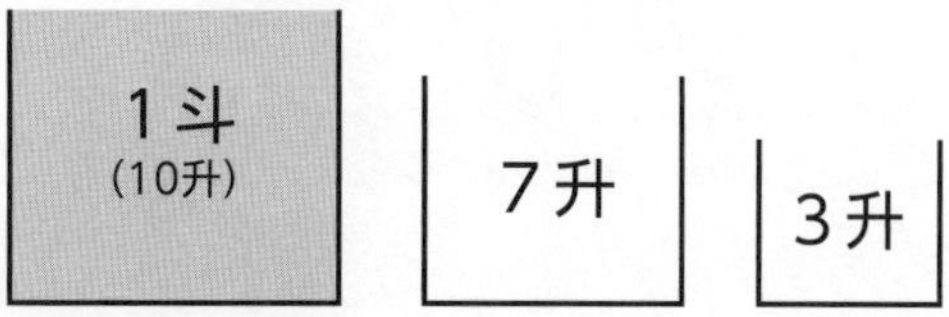

これを和算では“油分け算”といいます。
図の状態を（10，0，0）と表します。

	（10，0，0）
3升の枡に油を満たす。	（7，0，3）
7升の枡に移す。	（7，3，0）
再び、3升の枡に油を満たす。	（4，3，3）
7升の枡に移す。	（4，6，0）
また、3升の枡に油を満たす。	（1，6，3）
7升の枡に移す。このとき、7升枡に空きは1升分しかないので	（1，7，2）
1斗桶に7升の油を移す。	（8，0，2）
3升の枡から7升の枡に移す。	（8，2，0）
3升の枡に油を満たす。	（5，2，3）
7升の枡に移す。これで完成です！	（5，5，0）

初級

こんな和算もあります！
これはそのまま計算するだけです。
999×999×999=997002999（回）

答え　997002999回

今月号の問題

マラソンの順位

Aくん～Fくんの６人がマラソンをしました。その結果についてAくん、Bくん、Cくん、Dくんに聞いたところ、次のように答えました。

Aくん「ぼくとBくんの順位の差は４でした」
Bくん「ぼくとDくんの順位の差は２でした」
Cくん「ぼくの次の次にEくんがゴールしました」
Dくん「BくんとぼくとEくんの順位の和は11でした」

このとき、Fくんの順位は何位でしたか。

応募方法

下のQRコードまたは104ページからご応募ください。
◎正解者のなかから抽選で右の**「オモクリップ」**をプレゼントいたします。
◎当選者の発表は本誌2024年10月号誌上の予定です。
◎**応募締切日 2024年６月15日**

今月のプレゼント！

本を押さえてくれるクリップ

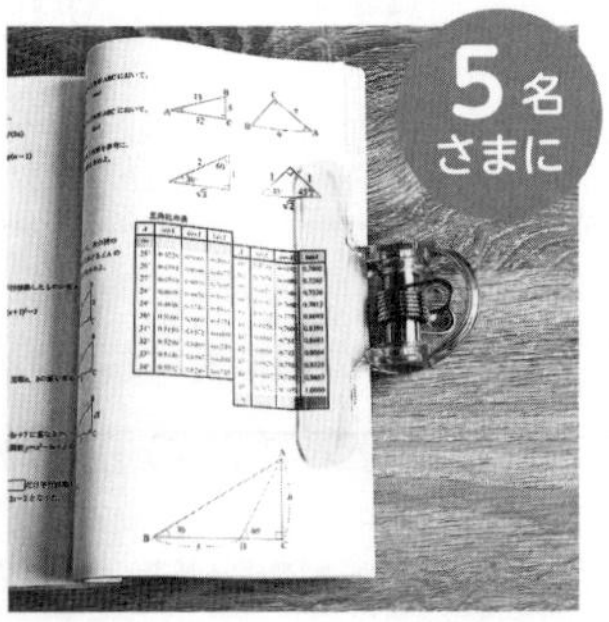

分厚い問題集を使って勉強しているとき、「ページを押さえておくのが面倒くさい」「問題を解いている途中で本が閉じてしまい、集中力が切れてしまった！」と思ったことのある人は多いでしょう。オモクリップ（ソニック）は、ページの端を押さえるのに最適な大きさ、重さに作られたブック用クリップです。クリアカラーなので、奥までしっかり挟んでも文字や図が隠れないのもポイントです。

2月号の答えと解説

解答　無邪気

2月号の問題

図にすでに書かれている漢字やカギを手がかりに、スタートから中心に向けて熟語のしりとりをしながら、すべてのマスを漢字で埋めてパズルを完成させてください。なお、数字のついているマスには熟語の一文字目が入ります。

最後に色のついたマスを縦に読むと三字熟語ができます。それが答えです。

〈カギ〉
1　お金をまったく持っていないこと
2　学芸と武道（の両方に優れていること）
3　ルート・順路
4　並べ方に一定の基準がないこと（氏名を列挙するときなどにいう）
5　同じであること
6　少しのことで大事件が起きそうなほど、危険な状況
7　○○王エジソン
8　明日の次の日
9　絶え間なく日に日に進歩すること
10　一定時間、車を通行止めにして、道路を散策したり、ショッピングができたりする
11　民間ではなく、国が持っていることを表す
12　名のみあって中身がない
13　実物と同じ大きさ
14　度胸があって、恐れを知らない
15　好意の反対
16　意気込みが非常に盛んなこと
17　人の住む世界。本や荷物の上下をいう場合も
18　その土地の呼び名
19　≒汚名返上
20　メリーゴーラウンド
21　人の意見や批評をまったく気にかけない
22　英語では「cold」

スタート→

1		2		両	3	4
11	12		（色）	13		
天		20			14 大	
	19	22 風	（色）	木		5
	18 地			21		6 一
10	17		（色）	16	15	
		9 日		8	7	

解説

しりとりは、
無一文→文武両道→道順→順序不同→同一→一触即発→発明→明後日→日進月歩→歩行者天国→国有→有名無実→実物大→大胆不敵→敵意→意気衝天→天地→地名→名誉挽回→回転木馬→馬耳東風→風邪
の順に進み、パズルを完成させると右のようになります。

「**無邪気**」は、素直で悪気がないことや可愛らしくあどけないことを意味する言葉で、「子どもたちが無邪気に遊んでいる」などと使います。また「彼の無邪気な発言に困惑する」など、考えに深さがなく単純であるという悪い意味で使われることもあります。

1 無	一	2 文	武	両	3 道	4 順
11 国	12 有	名	無	13 実	物	序
天	誉	挽	20 回	転	14 大	不
者	19 名	22 風	邪	木	胆	5 同
行	18 地	東	耳	21 馬	不	6 一
10 歩	17 天	衝	気	16 意	15 敵	触
月	進	9 日	後	8 明	7 発	即

言葉の解説

文武両道＝（「文」は学問・文芸、「武」は武芸・武道）勉学とスポーツの両面に優れていること
一触即発＝ちょっと触れるだけでたちまち爆発しそうなほど、非常に緊迫した状況
日進月歩＝絶え間なく、日々進歩すること　〔対義語〕旧態依然、十年一日
有名無実＝名ばかりが立派で、それに見合う実質が伴わないこと。評判と実際とが違っていること
大胆不敵＝度胸が据わっていて、恐れを知らないこと
名誉挽回＝一度失われた信用や評価を取り戻すこと
意気衝天＝意気込みが天を突くほどに盛んなこと
馬耳東風＝他人の意見や忠告に耳を貸さないこと

2月号パズル当選者（全応募者28名）

飯塚 琴美さん（中2・神奈川県）　神山 悠さん（中2・神奈川県）
小城 杏奈さん（中2・千葉県）　増岡 優奈さん（中1・東京都）　森田 紘太郎さん（中2・埼玉県）

夢が広がる高校選びの情報満載！

Success15

バックナンバー好評発売中！

2024年 4月号
さあ始まった！
受験この1年
新たな技術で変化する
農業の未来を考える
Special School Selection
慶應義塾高等学校
高校WATCHING
立教新座高等学校
東京都立新宿高等学校

2024年 2月号
踏み出す第1歩
高校に進んだら君はなにする？
Special School Selection
開成高等学校
研究室にズームイン
海底下にいる微生物の
不思議を探る
高校WATCHING
法政大学国際高等学校
東京都立立川高等学校

2023年 12月号
知っておきたいこれからの授業
AIで変わりゆく学校教育
これ不思議！
なぜなに科学実験室
Special School Selection
早稲田実業学校高等部
公立高校WATCHING
神奈川県立柏陽高等学校

2023年 10月号
第１志望校キミは決まった？
Special School Selection
東京都立西高等学校
研究室にズームイン
東京工業大学
田中博人准教授
私立高校WATCHING
桐光学園高等学校

2023年 8月号
学校説明会 ここがポイント
Special School Selection
東京都立日比谷高等学校
研究室にズームイン
京都大学フィールド科学
教育研究センター
市川光太郎准教授
私立高校WATCHING
明治大学付属明治高等学校

2023年 6月号
高校受験まであと270日
「やるべきこと」はなにか？
日本の伝統「社寺建築」とは？
Special School Selection
早稲田大学本庄高等学院
高校WATCHING
法政大学高等学校
東京都立小山台高等学校

2023年 4月号
高校に進んだら
文系、理系 あなたはどうする？
地図を旅しよう
Special School Selection
東京都立戸山高等学校
高校WATCHING
淑徳与野高等学校
神奈川県立湘南高等学校

2023年 2月号
さあ来い！入試 ポジティブ大作戦
Special School Selection
早稲田大学高等学院
研究室にズームイン
鳥取大学乾燥地研究センター
山中典和教授
高校WATCHING
中央大学高等学校
埼玉県立浦和第一女子高等学校

2022年 12月号
英語スピーキングテスト
Special School Selection
渋谷教育学園幕張高等学校
研究室にズームイン
東京大学先端科学技術研究センター
西成活裕教授
公立高校WATCHING
東京都立青山高等学校

2023年 秋・増刊号
女子のための大学講座
女子大学を知る
アッと驚く！
なぜなに科学実験室
Focus on 国立・公立・私立
魅力あふれる3校
東京工業大学附属科学技術高等学校
千葉県立東葛飾高等学校
国学院高等学校

気になる学校がきっと見つかる
高校受験にかかわる情報が盛りだくさん！

ワンコ先生が贈る不思議で楽しい実験
いまの時代に求められるプログラミングや
経済学の知識などなど
新たな興味もきっと生まれる

大学生や研究者の先生の言葉から
将来へのヒントも!?

どうぞお楽しみください

これより以前のバックナンバーはホームページでご覧いただけます（https://www.g-ap.com/）

バックナンバーはAmazonもしくは富士山マガジンサービスにてお求めください。

夢が広がる高校選びの情報満載！

Success15

6月号

表紙：東京都立国立高等学校

FROM EDITORS 編集室から

11ページから取り上げている水中考古学。みなさんは、その研究について知っていましたか？　私はいままで触れたことがなく、今回、個人的にも大変興味深く池田教授のお話をうかがいました。

はじめのうちは、水中で作業をするなんて……と腰がひけてしまっていましたが、沈没船を発見した際のお話などを聞いていると、恐怖心よりも、なんとおもしろそうで感動がある研究なのだろうと思い始めました。

17ページでもお伝えした通り、池田教授は様々な縁から水中考古学の世界に入られました。そのことからも、日々の出会いは新たな好奇心をもたらしてくれる大きなきっかけになるのだと改めて感じた取材でした。　（S）

Next Issue　8月号

Special

悩み解決！　高校を選ぶ②

学校説明会 ここだけは見よう！

研究室にズームイン

Special School Selection

私立高校WATCHING

ワクワクドキドキ 熱中部活動

※特集内容および掲載予定は変更されることがあります。

Information

『サクセス15』は全国の書店にてお買い求めいただけますが、万が一、書店店頭に見当たらない場合は、書店にてご注文いただくか、弊社販売部、もしくはホームページ（104ページ下記参照）よりご注文ください。送料弊社負担にてお送りします。定期購読をご希望いただく場合も、上記と同様の方法でご連絡ください。

Opinion, Impression & ETC

本誌をお読みになられてのご感想・ご意見・ご提言などがありましたら、104ページ下記のあて先より、ぜひ当編集室までお声をお寄せください。また、「こんな記事が読みたい」というご要望や、「こういうときはどうしたらいいの」といったご質問などもお待ちしております。今後の参考にさせていただきますので、よろしくお願いいたします。

サクセス編集室 お問い合わせ先
TEL：03-5939-7928　FAX：03-3253-5945

今後の発行予定

7月16日	11月15日
8月号	12月号
9月15日	2025年1月15日
10月号	2025年2月号
10月15日	2025年3月15日
秋・増刊号	2025年4月号

FAX送信用紙

※封書での郵送時にもコピーしてご使用ください。

100ページ「マラソンの順位」の答え

氏名

学年

住所（〒　　　－　　　）

電話番号

（　　　　　）

現在、塾に

通っている　・　通っていない

通っている場合

塾名

（校舎名　　　　　）

面白かった記事には○を、つまらなかった記事には×をそれぞれ３つずつ（　）内にご記入ください。

（　）04 Special School Selection 東京都立国立高等学校
（　）11 海底に眠る歴史的痕跡 人類の営みに迫る水中考古学
（　）18 私立高校WATCHING 桐蔭学園高等学校
（　）22 ワクワクドキドキ　熱中部活動 共栄学園高等学校 競技かるた部
（　）28 突撃スクールレポート 淑徳巣鴨高等学校
（　）30 悩み解決！　高校を選ぶ① 大学進学を視野に入れて
（　）36 受験生のための明日へのトビラ
（　）38 2024年度首都圏公立高校入試結果
（　）44 スクペディア 光英VERITAS高等学校
（　）45 スクペディア 横浜翠陵高等学校
（　）48 知って得するお役立ちアドバイス！
（　）50 レッツトライ！　入試問題
（　）52 帰国生が活躍する学校 早稲田佐賀高等学校
（　）54 中学生の未来のために！ 大学入試ここがポイント
（　）56 東大入試突破への現代文の習慣
（　）60 新大学１年生に聞く！ 高校時代の思い出、そして大学受験
（　）62 みんな、読まないと！ 東大生まなのあれこれ
（　）64 キャンパスデイズ十人十色
（　）70 Success Book Review
（　）71 耳よりツブより情報とどきたて
（　）72 マナビー先生の最先端科学ナビ
（　）79 for中学生 らくらくプログラミング
（　）80 なぜなに科学実験室
（　）84 中学生のための経済学
（　）86 中学生の味方になる子育て 楽しむ　伸びる　育つ
（　）87 PICK UP NEWS
（　）88 思わずだれかに話したくなる 名字の豆知識
（　）90 13歳からはじめる読解レッスン
（　）94 ミステリーハンターQの タイムスリップ歴史塾
（　）95 サクセス印のなるほどコラム
（　）96 中学生でもわかる 高校数学のススメ
（　）100 解いてすっきり パズルでひといき

FAX.03-3253-5945

FAX番号をお間違えのないようお確かめください

サクセス15の感想

高校受験ガイドブック2024 6　Success15

発　行：2024年５月16日 初版第一刷発行
発行所：株式会社グローバル教育出版　〒101-0047 東京都千代田区内神田2-4-2 一広グローバルビル3F
ＴＥＬ：03-3253-5944
ＦＡＸ：03-3253-5945
Ｈ　Ｐ：https://success.waseda-ac.net/
e-mail：success15@g-ap.com

郵便振替口座番号：00130-3-779535
編　集：サクセス編集室
編集協力：株式会社 早稲田アカデミー

【個人情報利用目的】ご記入いただいた個人情報は、プレゼントの発送およびアンケート調査の結果集計に利用させていただきます。